CW00670201

CHARLES CROS

Le Collier
de griffes

PRÉFACE
D'HUBERT JUIN

GALLIMARD

PRÉFACE

Il s'agit d'un recueil posthume, c'est-à-dire d'un ensemble que l'auteur n'a pas lui-même ordonné, à l'exception de la première partie, et du titre (auquel il fit allusion à diverses reprises). Certes! la publication un Coffret de santal *avait été loin de répondre à son espoir : un silence persistant était sa seule récompense. Verlaine, dans sa galerie des poètes maudits, ne lui avait pas fait la place à laquelle il pensait avoir droit. C'était là le résultat d'une histoire complexe : il est vrai que Cros, dans cette querelle de ménage, avait pris fait et cause pour la femme du poète, et d'autant plus facilement — on peut le supposer — que ses rapports avec Rimbaud ne lui avaient pas laissé le meilleur des souvenirs. C'est étrange, cette façon dont deux hommes étroitement accordés par l'ambition poétique, si intimement se désaccordèrent dans l'existence! Mais Verlaine n'avait pris nul ombrage de la position de Cros, et le portrait qu'il aurait dû faire à ce moment-là, il le fit ensuite. C'est son éditeur, plutôt, qui aurait vu d'un mauvais œil paraître, dans la série, un texte louant un écrivain peu prisé, voire : détesté. La courageuse revue qu'était* Lutèce *fit, on s'en souvient, grise mine à l'auteur du*

7

Coffret de santal, *et si elle s'illustra dans la littérature en ouvrant ses portes à tous ceux qui faisaient paraître le frisson nouveau, elle resta délibérément fermée à celui, justement, qui en était l'un des exemples majeurs. Il y avait là des querelles de clocher qui venaient compromettre et troubler la cause des poètes : il faut sans cesse en tenir compte dès lors que l'on rêve d'imposer une idée sereine au désordre de l'histoire des lettres. L' « avant-siècle » — Louis Forestier, Noël Richard, quelques autres l'ont montré — fut fertile en sectes, chapelles, partis pris que définissaient géographiquement des cafés, des cabarets, des quartiers de Paris. On vivait à l'étroit dans l'univers le plus large : celui qui donnait naissance à la « voix » nouvelle. La tâche de l'historien en est compliquée d'autant. Et il faut avouer que nous manquons encore de monographies et d'études particulières.*

Ce qui est remarquable, c'est à quel point l'éditeur du Collier de griffes *a conçu ce recueil en parfaite harmonie avec* Le Coffret de santal. *Les parties, de l'un à l'autre volume, se répondent. Aux poèmes en prose qui sont dans le premier répondent les proses (et monologues) qui sont dans le second. Et si, lors de la réédition modifiée du* Coffret de santal, *Charles Cros a incorporé à son livre un poème,* Le Fleuve, *qui avait fait, en 1874, l'objet d'une publication séparée — enrichie de huit eaux-fortes de Manet —, l'éditeur du* Collier de griffes *(c'est Guy-Charles Cros, fils de l'écrivain) eut soin d'incorporer de la même façon l'étonnant texte :* La Vision du grand canal royal des Deux Mers, *qui avait paru, en plaquette, chez Lemerre, l'année même de la mort de Cros (1888)... Arbitraire? Oui, et non. En fait, la lecture attentive des deux recueils de Cros — celui qu'il publia de son vivant, et l'autre, qui parut vingt ans après sa mort — prouve que Cros fut à la fois l'auteur d'un seul ouvrage, et que cet ouvrage était composé de facettes multiples. C'est vrai que si le poète avait réussi l'inespéré, c'est-à-dire : publier lui-même, en adieu, son second livre, — nous aurions une autre disposition des textes que celle que nous connaissons. Mais y aurait-il eu, pour autant, métamorphose? changement majeur? vision nouvelle? Certainement pas. Cros, loin d'avoir été cette sorte d'aboulique que parfois l'on présente, avait une aire considérable. Savant, il avait de la suite dans les idées, ce qui est incontestable dès que l'on prend soin de dégager les lignes de force constantes de ses recherches. Poète, il brisait le carcan. Le monde, notre terre, ne lui étaient pas assez vastes : ses études et découvertes dans le domaine de la photographie finissaient par converger vers ce même point fantastique, qui lui tenait passionnément à cœur : la communication avec les habitants des autres planètes. La preuve en est que dans les mois qui précédèrent sa mort il y vient par deux fois : en déposant, à l'Académie des sciences, une note :* Contribution aux procédés de photographie céleste, *puis une autre (la dernière) portant sur* Des erreurs dans les mesures des détails figurés sur la planète Mars. *Fantaisie? Voyons! Ces notes dont je viens de parler datent de 1887 et 1888. En 1869, en même temps qu'il donne à* L'Artiste *et à* La Parodie *ses premiers poèmes connus, il publie deux plaquettes « scientifiques », dont l'une a pour titre :* Étude sur les moyens de communication avec les planètes. *Enfin, dans le dernier texte poétique par lui-même publié :* La Vision du grand canal royal des Deux Mers, *c'est cette persistante idée qui va s'inscrire en poésie, affirmer sa souveraineté au moins langagière, emporter le lyrisme :*

Mais la gloire du Roi de France va plus haut
Que la terre. A présent c'est le ciel qu'il lui faut.

Car le ciel est peuplé de sphères amoureuses,
Comme nous, de lumière et de forêts ombreuses;

Car les savants ont vu depuis plus de cent ans
Des signaux faits en vain. On n'avait pas le temps!

Mars, la planète austère où règne la science,
Nous salue. Ils ont vu le trait bleu sur la France.

Un point brillant, rythmé, par un vouloir secret
Dans ce monde lointain, apparaît, disparaît.

Devine, géomètre, et réponds, astronome!
Qu'ils sachent que chez nous le Verbe s'est fait homme.

Leur génie en canaux si nombreux est inscrit!
Ils se sont dit : « Sur terre aussi règne l'esprit. »

Ils en ont vu le signe au puissant télescope,
Leurs éclairs sont l'appel à la terre, à l'Europe,

Et la France, où le mal ancien dut s'apaiser,
Reçoit le planétaire et fraternel baiser.

Aussi la France fut, sur terre, la première
Qui répondit par la lumière à la lumière.

A ce propos, il est enseignant de rapprocher du Fleuve
(qui est dans Le Coffret de santal*) cette* Vision du grand
canal. *Il me semble qu'alors* Le Fleuve *cesse de figurer,
comme disaient certains, l'ultime hommage que Cros
entendait rendre aux maîtres du Parnasse : c'est bien
autre chose, un périple à la fois réel et légendaire, une
navigation aux pays des hommes, de la rêverie et des
paroles, — tout ensemble. Ce caractère* légendaire, La

Vision du grand canal *l'accentue indéniablement, et par un langage aux articulations merveilleuses, et d'une musique savamment rompue, fait basculer l'imaginaire dans le réel. Cette constante du périple marin (qu'est-ce qui sépare le canal du fleuve dompté, navigable?) est intéressante : ces deux poèmes, ne l'oublions pas, firent l'objet de publications séparées et — ainsi — vinrent scander, si l'on veut, le déroulement de l'œuvre. Bien sûr, il faudrait examiner avec beaucoup de soin l'ombre portée du Bateau ivre, que Rimbaud, lorsqu'il débarqua chez Verlaine et connut Cros, avait dans son bagage. La destination de l'eau porteuse du commerce des hommes : la mer, — ce passage constant entre les berges changeantes, cette communication extraordinaire entre l'Occident et l'Orient, entre la plainte fertile et les cités, cette venue de la femme portée par les vaisseaux, cet adieu du voyage, ce sont les éléments que l'on retrouve dans le contrepoint de la chanson de Charles Cros :*

> J'ai trois fenêtres à ma chambre :
> L'amour, la mer, la mort...

C'est qu'il y a deux « lectures » possibles du Coffret de santal *et du* Collier de griffes : *la première tient à traquer l'auteur lui-même dont l'intimité, c'est vrai, ne cesse, d'une strophe à l'autre, de s'avouer, de se démasquer, presque : de s'offrir, — et la seconde consiste à trouver, sous tant d'aveux à la fois retenus et provocants, une constante novatrice : l'élaboration du chant futur. Pour ma part, je persiste à juger essentiel de mêler ces deux « lectures », de les unir, de les manœuvrer du même pas. Charles Cros, cela n'échappe à personne, est un homme pudique, retranché, hautain, — mais c'est un homme blessé et hanté. Il est blessé par le temps qui passe, par l'insoutenable pauvreté, par l'échec mondain, par*

11

ia faillite des illusions. Mais c'est un homme hanté par la vision d'un nouveau monde, qui sera, et qui, à jamais, vaincra la « prose » actuelle. Une image du poète, pour ce poète, va s'ébaucher, moins conventionnelle qu'il ne semble, bien qu'elle soit, comme nous disons : « dans l'air ». C'est celle du poète maudit et, dans le même temps, souverain. Le Titan enchaîné. Le mal aimé, l'incompris :

> J'ai tout rêvé, tout dit, dans mon pays
> J'ai joué du feu, de l'air, de la lyre.
> On a pu m'entendre, on a pu me lire
> Et les gens s'en vont dormir, ébahis.

A-t-il tout perdu? Non, certes! Surgissent ces moments de sursaut, qui sont les « visions ». Voilà son triomphe, sa vérité, sa grandeur. Mon royaume est de ce monde, mais les gens de raison ne le voient pas. Mieux, car mon royaume est dans ma parole, ils ne l'entendent pas. Ils sont fermés à cette musique qui dit tout,

> ... malgré le mal, ma vie
> De tant de diamants ravie
> Se mire au ruisseau de mes vers...

et c'est cette vie que le lecteur, ligne après ligne, découvre, retrouve, mieux encore : éprouve, — mais doublement. J'entends par là que l'existence de Cros est livrée, alors même que la négation — par Cros — de la « prose » quotidienne tente désespérément de maquiller cette existence du au jour le jour, de la dessiner sur fond d'autre vie. Ce que disait aussi Rimbaud, avec la « vraie vie » qui est « ailleurs », et ce « Je est un autre » qui fit couler tant d'encre. Cros dit tout, à qui sait lire, de ce qu'il est possible de savoir de lui, mais

12

> ... nul ne saura ni la femme,
> Ni l'amour, ni le paradis
> Que je garde au fond de mon âme...

Le secret de Cros, c'est aussi son orgueil. Personne ne peut le tromper sur lui-même :

> J'ai tout fouillé, j'ai su tout dire,
> Faire pleurer et faire rire
> Et montrer le monde nouveau...

A quoi bon? Du poète, la foule se détourne. Il en vient une lassitude dévorante :

> ... Je suis las,
> Las de la bêtise et des haines...

et des accents de colère, de dédain, ainsi :

> Tous les pays sont trop habités aujourd'hui.

ou bien :

> A notre époque froide, on ne fait plus l'amour...

Alors,

> Dans l'étang d'indifférence,

Cros retrouve une pensée baudelairienne, celle du « guignon », cet apanage du poète, ce signe sur lui (mais dont il est privé). Bien sûr, Cros savant et Cros poète, c'est tout un. Et la malchance a joué pour l'un comme pour l'autre. On a dit qu'il manquait d'idée de suite, qu'il bondissait d'un projet à un autre, perdant sans fin la proie, s'égarant dans l'ombre. A bien voir, il en va du contraire : c'est son obstination qui doit requérir. Quoi! C'est un homme qui, dans le domaine des sciences, s'acharne à la reproduction des couleurs et à la reproduction des sons, et cela avec une constance admirable. Les couleurs? Les sons? c'est à la fois la saveur du monde, la beauté de la femme, mais aussi, mais surtout l'alphabet de ce langage interplanétaire auquel il ne cessera pas un jour de rêver. Poète, Cros a pris mesure de sa nouveauté radicale. Et c'est l'échec!

J'ai tout touché : le feu, les femmes, et les pommes;
J'ai tout senti : l'hiver, le printemps et l'été;
J'ai tout trouvé, nul mur ne m'ayant arrêté.
Mais Chance, dis-moi donc de quel nom tu te nommes?

Dans ce climat de malheur et de solitude, le poème s'efforce de faire paraître le monde nouveau, d'en témoigner par avance, de le créer par la parole; mais parallèlement, il veut conserver la chaleur et l'épaisseur de l'instant, résister au temps qui détruit, comme fait la photographie en couleurs, comme fait le disque gravé. Lorsque meurt Nina de Villard, le poème que publia Charles Cros fait renaître la femme aimée : contre l'apparence, souverainement, il fait surgir l'ancienne beauté. Nina de Villard, bien avant de mourir folle, avait grossi, son corps s'était déformé, mais Cros écrit :

Nul ne l'a vue et, dans mon cœur,
Je garde sa beauté suprême;
(Arrière tout rire moqueur!)
Et morte, je l'aime, je l'aime...

Son amour pour Nina — les témoignages ne manquent pas, ni dans les souvenirs du temps, ni, non plus, dans *les propres textes de Cros — l'avait torturé, fait souffrir au possible. Mais ce chantre de la femme maintenait au plus haut la louange :*

Ô femme, doux et lourd trésor !...

ce qui n'allait pas, aux visions rapprochées des trois fenêtres qu'il évoquait, sans éveiller l'idée macabre et funèbre :

Femme ! femme ! cercueil de chair !

Cette dimension, elle aussi, fait partie de la méthode nouvelle : il est indéniable que Cros eut tôt l'intuition de ce que Rimbaud dira dans la Lettre du voyant. *Les textes qu'il rassemble dans* Le Coffret de santal, *au même titre que ceux que son fils a rameutés dans* Le Collier de griffes, *sont aussi une machine de guerre tournée contre la « vieillerie poétique ». Il n'est pas possible que la voix, que le chant continuent à se perdre dans le faux jour et l' « inanité sonore » des* vieilles pagodes. *Il faut retrouver une voix première, qui fut dévoyée au long de l'histoire ; il faut se servir de l'humour, que les nantis des lettres ont ôté de l'arsenal poétique ; il faut se faire « voyant ». Au fronton de l'œuvre brille bizarrement ce poème si rimbaldien d'attaque,* Liberté :

Le vent impur des étables
Vient d'Ouest, d'Est, du Sud, du Nord.
On ne s'assied plus aux tables
Des heureux, puisqu'on est mort...

Charles Cros, savant, a vu ses inventions inventées par d'autres. Il en va de la même façon, à bien voir, pour ses intuitions poétiques. Il est animé d'une imagination

créatrice et novatrice, *il vibre aux dimensions du monde
nouveau, il touche aux portes promises, — mais « on »
le devance. Du même coup, et c'est manifeste, on le
méprise. C'est un suiveur, murmurent les personnes
averties. Cette histoire de la photographie des couleurs?
De quoi rire. Les meilleurs lui reprochent de n'avoir
pas mis de machine au point. Le voici rêveur, inutile,
proprement insensé...*

> Qu'on vive dans les étincelles
> Ou qu'on dorme sur le gazon
> Au bruit des râteaux et des pelles,
> On entend mâles et femelles
> Prêtes à toute trahison,
> Les personnes perpétuelles
> Aiguisant leurs griffes cruelles,
> Les personnes qui ont raison...

*Voilà bien ce qui le navre et l'encolère, qu'il y ait des
gens accordés à la « prose » du monde. En langage
d'époque : les bourgeois. Qui voudra comprendre que son
aventure scientifique n'avait pas pour but le commerce,
mais un projet faustien :*

> Le temps veut fuir, je le soumets...

*Tant d'efforts, de travaux, de souffrances, cette pauvreté
navrante, ce malheur quotidien, cette vie réduite, tout
cela que le « guignon » lamentablement ordonne serait-il
vain? Non, bien sûr. Il y a des témoins, qui sont irré-
cusables. Les enfants, la femme, et les hommes qui
viendront dans le futur avec, aux lèvres, le chant nouveau :*

> Et les hommes, sans ironie,
> Diront que j'avais du génie

Et, dans les siècles apaisés,
Les femmes diront que mes lèvres,
Malgré les luttes et les fièvres,
Savaient les suprêmes baisers.

Mais dans le siècle, Charles Cros, le poète, n'a-t-il pas été ce saint Sébastien du Coffret de santal, *qui reparaît ici, explicitement :*

Je suis inutile et je suis nuisible;
Ma peau a les tons qu'il faut pour la cible.
Valets au pouvoir public attachés,
Tirez, tirez donc, honnêtes archers!

C'est, à nouveau, l'image conventionnelle du poète maudit, dressé seul au-devant d'un monde hostile qui se gausse de son tourment et de sa chanson. Mais on remarquera combien, et comment, cette image d'être revécue, et comme ressassée par Cros s'éloigne de la rhétorique de convention. Oui! ce monde d'aujourd'hui, qui appartient tout à la « prose », est celui des « imbéciles », des « personnes qui ont raison », des « gens sensés »,

Donc, gens bien assis,
Exempts de soucis,
Méfiez-vous du poète,
Qui peut, ayant faim,
Vous mettre, à la fin,
Quelques balles dans la tête.

ce monde est méprisable; la « vraie vie » en est absente; il faut le modifier, le transformer, le rêver autrement; il faut surtout s'en moquer. L'humour, arme efficace... Mais, chez Cros, ce jugement pessimiste est sans cesse corrigé par une vision optimiste : demain, demain vien-

*dra le temps du grand canal royal entre Bordeaux et
Narbonne, demain paraîtra l'harmonie des couples,
la céleste entente. L'homme ne sera plus seul, — non
seulement parmi les hommes, mais parmi les planètes.
Triomphe de la parole, en vérité !*

... Qu'ils sachent que chez nous le Verbe s'est fait
      homme.

*La parole biblique est inversée : par et dans le chant
nouveau la blessure sera cicatrisée.*

*Cette pudeur hautaine, sur les tréteaux, se fit clow-
nesque. La peine de vivre devint humour. Comme beaucoup de ses pairs des* Hydropathes *et du* Chat Noir,
*Charles Cros répondit à la grossièreté nantie par une
moquerie venimeuse. On songe à l'incurable tristesse
de son compère Alphonse Allais. D'autres compagnons
des premières heures finirent dans les ordres politiques,
— sans que l'on puisse savoir s'il s'agissait là d'une
conversion ou d'une ultime pirouette amère. La solitude
de Cros s'accrut d'autant : lancé jeune dans la bohème,
levant le verre à la table de Nina avec de futurs commu-
nards ou avec de futurs « grands hommes », il resta,
isolé, dans la nasse. Il demeura, bien que marié et
père de famille, l'adolescent dédaigneux (et impécu-
nieux) qui avait inventé la chanson du hareng saur,
composée*

Pour mettre en fureur les gens — graves, graves,
      graves,
Et amuser les enfants — petits, petits, petits.

*On le sait, il ne réussit que trop bien son premier
projet. Cros fut un exclu. Bien sûr, sa querelle avec
Anatole France, à qui, mon Dieu ! Nina ne déplaisait*

nullement, et qui le montrait, tenait autant à la vie privée qu'à la destination nouvelle donnée à l'art poétique. Il avait manqué de respect. A quoi? Mais à la solennité du culte, au compassé de la diction, aux rigidités du Parnasse. Il ne l'ignorait nullement :

> Je suis l'expulsé des vieilles pagodes
> Ayant un peu ri pendant le Mystère;
> Les anciens ont dit : Il fallait se taire
> Quand nous récitions, solennels, nos odes...

A qui? Il suffit de relire, avec les clés, les Dixains réalistes *(ceux qui sont de lui). Les témoins du temps le montrent sombre, isolé, perdu dans la confection de la « verte », puis, soudainement, capable d'improvisations étourdissantes. Virtuose du bout-rimé, il était imbattable lorsqu'il s'agissait de faire un poème, à l'instant, sur des terminaisons proposées. Il connaissait admirablement la façon de* fabriquer *un poème; mais il savait, comme peu, ce qu'était un poème véritablement. Voilà Cros au travail : on l'applaudit — au* Chat Noir *— pour sa verve, la manière qui est la sienne d'ordonner en alexandrins les mots les plus bizarres, — mais dès lors qu'il s'agit d'envoyer, à Lemerre, une pièce destinée au tombeau de Théophile Gautier, il peine, se reprend, perd le souffle, corrige, et — littéralement — se désespère. Comment ne pas évoquer le monologue qu'il fit pour Coquelin Cadet et qui se nomme :* Le Bilboquet?...

Il arrive à certains d'éprouver, devant les proses « comiques » de Charles Cros, quelque gêne. De tenir ces pièces pour indignes d'un poète majeur. Je suis assuré, pour ma part, que les fameux « monologues » détruisirent — du moins : contribuèrent à détruire — l'image posthume de l'écrivain. Cela provient de l'idée reçue des genres qui sont, les uns, nobles; et les autres,

19

*non. Il en a été décidé de cette façon par des cuistres
dont la pensée pèse encore lourdement sur nos jugements :
on déplorera que tel grand auteur ait laissé des textes
érotiques ; on dédaignera — aussi bien — les monologues
de Charles Cros. C'est plus qu'une erreur, c'est un
tort.*

*Encore une fois : il faut saisir le déhanchement essen-
tiel de la démarche de Cros. Coexistent, dans ses textes,
une critique radicale de la « prose » du monde, laquelle
se manifeste tantôt par les armes de l'humour, et tantôt
par le pantelant de divers aveux déchirants : Cros se
moque des autres, les fustige, mais pleure sur lui-même ;
— puis une vocation d'espoir. Le monde nouveau, lui,
sera le monde heureux. Les hommes sont promis au
bonheur (c'est une idée rimbaldienne, également),
— et ce bonheur, c'est le chant, le poème, la parole qui
en sont les garants :*

> ... je fais ces vers
> Qui laisseront tout l'univers
> Sans désastre et sans incendie...

*Alors, l'idée lui vient que le monde nouveau, peut-être,
existe déjà ; qu'il en a franchi les marches dans ce long
voyage qu'il fit par les périples de la solitude ; qu'il
vient d'engranger, alors que la mort menace, une moisson
si vive que la place doit être laissée au silence (qui
est bien le cœur de toute parole) ; et il écrit* Testament,
*où ce double mouvement s'avoue, et dans les vers duquel
le poète tout entier se retrouve :*

> Et si je meurs, soûl dans un coin
> C'est que ma patrie est bien loin
> Loin de la France et de la terre.

Ne craignez rien, je ne maudis
Personne. Car un paradis
Matinal, s'ouvre et me fait taire.

*Il est dans ces vers-là, complètement, avec ses faibles-
ses, qui sont de plume, et ses ambitions. C'est un homme
qui haïssait son temps, mais qui en épousa — on dirait :
soigneusement — la pacotille et, d'un même élan,
l'angoisse. Sa démarche est étrange : il est souvent plus
grand que ce qu'il écrit; mais il arrive, aussi souvent,
que son œuvre le précède. Il a des défauts visibles, des
mièvreries, de faux accents, des afféteries d' « avant-
siècle ». Mais comment nier, courant au fil des pages,
cette chanson qui n'est qu'à lui? Bien imprudent, et
fat, serait celui qui — aujourd'hui —, l'oreille à l'écoute,
affirmerait qu'il s'agit d'un poète mineur. Ce n'est
pas parce qu'il ne la méritait pas qu'il n'a pas sa place;
c'est peut-être parce qu'il était, jusque dans ses errements,
trop vrai.*

Hubert Juin.

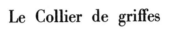

Le Collier de griffes

Visions

INSCRIPTION

Mon âme est comme un ciel sans bornes;
Elle a des immensités mornes
Et d'innombrables soleils clairs;
Aussi, malgré le mal, ma vie
De tant de diamants ravie
Se mire au ruisseau de mes vers.

Je dirai donc en ces paroles
Mes visions qu'on croyait folles,
Ma réponse aux mondes lointains
Qui nous adressaient leurs messages,
Éclairs incompris de nos sages
Et qui, lassés, se sont éteints.

Dans ma recherche coutumière
Tous les secrets de la lumière,
Tous les mystères du cerveau,
J'ai tout fouillé, j'ai su tout dire,
Faire pleurer et faire rire
Et montrer le monde nouveau.

J'ai voulu que les tons, la grâce,
Tout ce que reflète une glace,

L'ivresse d'un bal d'opéra,
Les soirs de rubis, l'ombre verte
Se fixent sur la plaque inerte.
Je l'ai voulu, cela sera.

Comme les traits dans les camées
J'ai voulu que les voix aimées
Soient un bien, qu'on garde à jamais,
Et puissent répéter le rêve
Musical de l'heure trop brève;
Le temps veut fuir, je le soumets.

Et les hommes, sans ironie,
Diront que j'avais du génie
Et, dans les siècles apaisés,
Les femmes diront que mes lèvres,
Malgré les luttes et les fièvres,
Savaient les suprêmes baisers.

DÉSERTEUSES

Un temple ambré, le ciel bleu, des cariatides.
Des bois mystérieux; un peu plus loin, la mer...
Une cariatide eut un regard amer
Et dit : C'est ennuyeux de vivre en ces temps vides.

La seconde tourna ses grands yeux froids, avides,
Vers Lui, le bien-aimé, l'homme vivant et fier
Qui, venu de Paris, peignait d'un pinceau clair
Ces pierres, et ce ciel, et ces lointains limpides.

Puis la troisième et la quatrième : « Comment
Retirer nos cheveux de cet entablement?
Allons! nous avons trop longtemps gardé nos poses! »

Et toutes, par les prés et les sentiers fleuris,
Elles coururent vers des amants, vers Paris;
Et le temple croula parmi les lauriers roses.

CONQUÉRANT

J'ai balayé tout le pays
En une fière cavalcade;
Partout les gens se sont soumis,
Ils viennent me chanter l'aubade.

Ce cérémonial est fade;
Aux murs mes ordres sont écrits.
Amenez-moi (mais pas de cris)
Des filles pour la rigolade.

L'une sanglote, l'autre a peur,
La troisième a le sein trompeur
Et l'autre s'habille en insecte.

Mais la plus belle ne dit rien;
Elle a le rire aérien
Et ne craint pas qu'on la respecte.

PHANTASMA

J'ai rêvé l'archipel parfumé, montagneux,
Perdu dans une mer inconnue et profonde
Où le naufrage nous a jetés tous les deux
Oubliés loin des lois qui régissent le monde.

Sur le sable étendue en l'or de tes cheveux,
Des cheveux qui te font comme une tombe blonde,
Je te ranime au son nouveau de mes aveux
Que ne répéteront ni la plage ni l'onde.

C'est un rêve. Ton âme est un oiseau qui fuit
Vers les horizons clairs de rubis, d'émeraudes,
Et mon âme abattue est un oiseau de nuit.

Pour te soumettre, proie exquise, à mon ennui
Et pour te dompter, blanche, en mes étreintes chaudes,
Tous les pays sont trop habités aujourd'hui.

CHANSON DES PEINTRES

Laques aux teintes de groseilles
Avec vous on fait des merveilles,
On fait des lèvres sans pareilles.

Ocres jaunes, rouges et bruns
Vous avez comme les parfums
Et les tons des pays défunts.

Toi, blanc de céruse moderne
Sur la toile tu luis, lanterne
Chassant la nuit et l'ennui terne.

Outremers, Cobalts, Vermillons,
Cadmium qui vaux des millions,
De vous nous nous émerveillons.

Et l'on met tout ça sur des toiles
Et l'on peint des femmes sans voiles
Et le soleil et les étoiles.

Et l'on gagne très peu d'argent,
L'acheteur en ce temps changeant
N'étant pas très intelligent.

Qu'importe! on vit de la rosée,
En te surprenant irisée,
Belle nature, bien posée.

PLURIEL FÉMININ

Je suis encombré des amours perdues,
Je suis effaré des amours offertes.
Vous voici pointer, jeunes feuilles vertes.
Il faut vous payer, noces qui sont dues.

La neige descend, plumes assidues.
Hiver en retard, tu me déconcertes.
Froideur des amis, tu m'étonnes, certes.
Et mes routes sont désertes, ardues.

Amours neuves, et vous amours passées,
Vous vous emmêlez trop dans mes pensées
En des discordances éoliennes.

Printemps, viens donc vite et de tes poussées
D'un balai d'églantines insensées
Chasse de mon cœur les amours anciennes!

MAUSSADERIE

A Albert Tinchant.

A notre époque froide, on ne fait plus l'amour.
Loin des bois endormeurs et loin des femmes nues
Les pauvres vont, cherchant ces sommes inconnues
Que cachent les banquiers, inquiets nuit et jour.

C'était bien bon l'odeur des pains sortant du four,
C'était bien beau, dans l'ouest, l'éclat doré des nues,
Quand les brumes d'automne étaient déjà venues,
Alors qu'on ramenait les bœufs las du labour !

Les aspirations n'étaient pas étouffées,
Et dans la ville heureuse on voyait des trophées,
On entendait sonner la victoire au tambour.

On rêvait d'or, d'azur, de fêtes à la cour,
Et du prince Charmant, filleul des belles fées.
A notre époque froide, on ne fait plus l'amour !

ÉVOCATION

J'ai longtemps écouté tes doux chuchotements,
Muse ou démon des jours actuels. Mais tu mens!
Venez Nymphes, avec vos longues chevelures;
Chantez, rossignols morts jadis dans les ramures,
Parfums d'avant, parfums des là-bas : mon ennui
Veut s'oublier, en vous, des odeurs d'aujourd'hui.

Venez Sylvains, venez Faunes, venez Dryades!
Nous avons tant souffert de vivre en ces temps fades.
Venez, Dryades et Sylvains! dansez en ronds
Sur les pelouses! Viens, Bacchus, et nous rirons
Viens! Que fais-tu là-bas, dans le fond de l'Asie?
Tes femmes soûles, et tes tigres? ... fantaisie
De vétyver, de musc, de bétel, de santal;
Ces femmes avec leurs parures de métal,
Ces rubis, ces saphirs, ces fleurs, poison qui berce,
Ne valent pas l'Europe impassible et perverse.

Viens! Voici se dresser le grand chêne, le pin;
Viens au pays heureux du vin frais, du bon pain.

Voici l'Hellade! Nous allons avoir des fêtes
Plus claires que les plus beaux rêves des prophètes.

Viens donc voir ces ruisseaux, ce ciel, ces oliviers,
Ces monts où l'on a pris les marbres enviés.

Promenons-nous. Vois donc ces hommes et ces femmes
Dont resteront toujours les formes et les âmes;
Les femmes, à travers le rideau des roseaux,
Qui nagent, en jasant plus haut que les oiseaux;
Les hommes, récitant des vers sous les portiques,
S'interrompent avec des riantes critiques.
Ils suivent le chemin que bordent les tombeaux,
Car dans ce pays-ci, les mots même sont beaux;

Et Platon, à travers sa barbe aux ondes blondes,
Mélodieusement, dit la chanson des mondes.
Praxitèle s'en va, là-bas, avec Vénus
Qu'il a sculptée et qui lui doit bien ses seins nus...

Au marché, coloré de citrons, de tomates,
Vois ces marchandes au nez droit, aux pâleurs mates;
Aristophane rit et se querelle avec
Ces fruitières sans honte au plus pur accent grec.
Assez de vos sachets, filles de Thessalie!
Allons plus loin, passons la ruelle salie
Par les trognons de choix et les cosses de pois.
Allons plus loin encore, allons dans les endroits
Où la flûte soupire, où la harpe résonne.
Oh! ce n'est pas Orphée, Homère ni personne
Qu'on va nous faire entendre ici, mais des chansons
Qu'on oublie et toujours qu'on refera. Passons.

Et ces temples et ces monuments de victoire
Inespérée, à qui la raison n'eût pu croire!
Sur ces marbres ambrés, quels mots rouges lit-on?
Morts à Platée, à Salamine, à Marathon!

Ce sont les souvenirs immortels des batailles
Où dix mille Athéniens — soit dix mille canailles,
Tuèrent par hasard cent mille bons Persans
Bien armés, bien nourris, bien rangés, bien pesants.

L'Agora! comme on s'y dispute, on s'y démène!
Mais je connais trop bien cette marée humaine;
Ai-je rêvé, Bacchus? Ces paroles, ces cris,
Ces gens d'affaires, ça me rappelle Paris.

Venez Sylvains, venez Faunes, venez Dryades!
Venez! Les jours présents ne seront plus si fades.
Cravatez-vous, Sylvains; Faunes, mettez des gants;
Dryades, montrez-nous vos chapeaux arrogants,
Allons souper, Bacchus! Paris vaut bien Athènes.
Je quitte sans regrets mes visions lointaines.

Oh! berce-moi toujours de tes chuchotements,
Muse ou démon des jours actuels et charmants.

VALSE

Loin du bal, dans le parc humide
Déjà fleurissaient les lilas;
Il m'a pressée entre ses bras.
Qu'on est folle à l'âge timide!

 Par un soir triomphal
 Dans le parc, loin du bal,
 Il me dit ce blasphème :
 « Je vous aime! »

 Puis j'allai chaque soir,
 Blanche dans le bois noir,
 Pour le revoir
Lui, mon espoir, mon espoir
 Suprême.

Loin du bal dans le parc humide
Qu'on est folle à l'âge timide!

II

Dans la valse ardente il t'emporte
Blonde fiancée aux yeux verts;
Il mourra du regard pervers,
Moi, de son amour je suis morte.

Par un soir triomphal
Dans le parc, loin du bal
Il me dit ce blasphème :
« Je vous aime! »

Ne jamais plus le voir...
A présent tout est noir;
Mourir ce soir
Est mon espoir, mon espoir
Suprême.

Dans la valse ardente il l'emporte.
Moi je suis oubliée et morte.

ÉPOQUE PERPÉTUELLE

Inscriptions cunéiformes,
Vous conteniez la vérité;
On se promenait sous des ormes,
En riant aux parfums d'été;

Sardanapale avait d'énormes
Richesses, un peuple dompté,
Des femmes aux plus belles formes,
Et son empire est emporté!

Emporté par le vent vulgaire
Qu'amenaient pourvoyeurs, marchands,
Pour trouver de l'or à la guerre.

La gloire en or ne dure guère;
Le poète sème des chants
Qui renaîtront toujours sur terre.

SONNET

La robe de laine a des tons d'ivoire
Encadrant le buste, et puis, les guipures
Ornent le teint clair et les lignes pures,
Le rire à qui tout sceptique doit croire.

Oh! je ne veux pas fouiller dans l'histoire
Pour trouver les criminelles obscures
Ou les délicieuses créatures
Comme vous, plus tard, couvertes de gloire :

Cléopâtre, Hélène et Laure. Ça prouve
Que, perpétuel, un orage couve
Sous votre aspect clair, fatal, plein de charmes.

Vous riez pour vous moquer de mes rimes;
Vous croyez que j'ai commis tous les crimes!
Je suis votre esclave et vous rends les armes.

SONNET

A Ulysse Rocq, peintre.

Vent d'été, tu fais les femmes plus belles
En corsage clair, que les seins rebelles
Gonflent. Vent d'été, vent des fleurs, doux rêve
Caresse un tissu qu'un beau sein soulève.

Dans les bois, les champs, corolles, ombelles
Entourent la femme; en haut, les querelles
Des oiseaux, dont la romance est trop brève,
Tombent dans l'air chaud. Un moment de trêve.

Et l'épine rose a des odeurs vagues,
La rose de mai tombe de sa tige,
Tout frémit dans l'air, chant d'un doux vertige.

Quittez votre robe et mettez des bagues;
Et montrez vos seins, éternel prodige.
Baisons-nous, avant que mon sang se fige.

VISION

A Puvis de Chavannes.

I

Au matin, bien reposée,
Tu fuis, rieuse, et tu cueilles
Les muguets blancs, dont les feuilles
Ont des perles de rosée.

Les vertes pousses des chênes
Dans ta blonde chevelure
Empêchent ta libre allure
Vers les clairière prochaines.

Mais tu romps, faisant la moue,
L'audace de chaque branche
Qu'attiraient ta nuque blanche
Et les roses de ta joue.

Ta robe est prise à cet arbre,
Et les griffes de la haie
Tracent parfois une raie
Rouge, sur ton cou de marbre.

Laisse déchirer tes voiles.
Qui es-tu, fraîche fillette,
Dont le regard clair reflète
Le soleil et les étoiles?

Maintenant te voilà nue.
Et tu vas, rieuse encore,
Vers l'endroit d'où vient l'aurore;
Et toi, d'où es-tu venue?

Mais tu ralentis ta course
Songeuse et flairant la brise.
Délicieuse surprise,
Entends le bruit de la source.

Alors frissonnante, heureuse
En te suspendant aux saules,
Tu glisses jusqu'aux épaules,
Dans l'eau caressante et creuse.

Là-bas, quelle fleur superbe !
On dirait comme un lys double ;
Mais l'eau, tout autour est trouble
Pleine de joncs mous et d'herbe.

III

Je t'ai suivie en satyre,
Et caché, je te regarde,
Blanche, dans l'eau babillarde ;
Mais ce nénuphar t'attire.

Tu prends ce faux lys, ce traître.
Et les joncs t'ont enlacée.
Oh ! mon cœur et ma pensée
Avec toi vont disparaître !

Les roseaux, l'herbe, la boue
M'arrêtent contre la rive.
Faut-il que je te survive
Sans avoir baisé ta joue ?

Alors, s'il faut que tu meures,
Dis-moi comment tu t'appelles,
Belle, plus que toutes belles !
Ton nom remplira mes heures.

« Ami, je suis l'Espérance.
Mes bras sur mon sein se glacent. »

Et les grenouilles coassent
Dans l'étang d'indifférence.

HIÉROGLYPHE

J'ai trois fenêtres à ma chambre :
   L'amour, la mer, la mort,
Sang vif, vert calme, violet.

Ô femme, doux et lourd trésor !

Froids vitraux, cloches, odeurs d'ambre.
   La mer, la mort, l'amour,
Ne sentir que ce qui me plaît...

Femme, plus claire que le jour !

Par ce soir doré de septembre,
   La mort, l'amour, la mer,
Me noyer dans l'oubli complet.

Femme ! femme ! cercueil de chair !

NOVEMBRE

Je te rencontre un soir d'automne,
Un soir frais, rose et monotone.
Dans le parc oublié, personne.

Toutes les chansons se sont tues :
J'ai vu grelotter les statues,
Sous tant de feuilles abattues.

Tu es perverse. Mais qu'importe
La complainte pauvre qu'apporte
Le vent froid par-dessous la porte.

Fille d'automne tu t'étonnes
De mes paroles monotones...
Il nous reste à vider les tonnes.

QUATORZE VERS A VICTOR HUGO

Ayant tout dit, ayant donné toutes les preuves,
Ayant tout remué, mers, monts, plaines et fleuves,
Dans ses rimes d'airain éternellement neuves
Ayant, toutes, subi les mortelles épreuves,

Le vieux Poète doit recevoir aujourd'hui,
Sans laisser deviner son olympique ennui,
Les lauriers, l'olivier qu'on a coupé pour lui
Dans notre douce France où son génie a lui.

Ne craignons pas, rameaux en mains, musique en tête,
De troubler son repos par la bruyante fête,
Puisque cet homme est bon, encor plus que poète.

Et comme, en souriant, toi seul tendais les bras
Aux vaincus poursuivis, traqués comme des rats,
Je crois, Victor Hugo, que tu nous souriras.

26 février 1882.

49

EN COUR D'ASSISES

A Édouard Dubus.

Je suis l'expulsé des vieilles pagodes
Ayant un peu ri pendant le Mystère;
Les anciens ont dit : Il fallait se taire
Quand nous récitions, solennels, nos odes.

Assis sur mon banc, j'écoute les codes
Et ce magistrat, sous sa toge, austère,
Qui guigne la dame aux yeux de panthère,
Au corsage orné comme les géodes.

Il y a du monde en cette audience,
Il y a des gens remplis de science,
Ça ne manque pas de l'élément femme.

Flétri, condamné, traité de poète,
Sous le couperet je mettrai ma tête
Que l'opinion publique réclame!

DANS LA CLAIRIÈRE

A Adolphe Willette.

Pour plus d'agilité, pour le loyal duel,
Les témoins ont jugé qu'Elles se battraient nues.
Les causes du combat resteront inconnues;
Les deux ont dit : Motif tout individuel.

La blonde a le corps blanc, plantureux, sensuel;
Le sang rougit ses seins et ses lèvres charnues.
La brune a le corps d'ambre et des formes ténues;
Les cheveux noirs-bleus font ombre au regard cruel.

Cette haie où l'on a jeté chemise et robe,
Ce corps qui tour à tour s'avance ou se dérobe,
Ces seins dont la fureur fait se dresser les bouts,

Ces battements de fer, ces sifflantes caresses,
Tout paraît amuser ce jeune homme à l'œil doux
Qui fume en regardant se tuer ses maîtresses.

A LA PLUS BELLE

Nul ne l'a vue et, dans mon cœur,
Je garde sa beauté suprême;
(Arrière tout rire moqueur!)
Et morte, je l'aime, je l'aime.

J'ai consulté tous les devins,
Ils m'ont tous dit : « C'est la plus belle! »
Et depuis j'ai bu tous les vins
Contre la mémoire rebelle.

Oh! ses cheveux livrés au vent!
Ses yeux, crépuscule d'automne!
Sa parole qu'encor souvent
J'entends dans la nuit monotone.

C'était la plus belle, à jamais,
Parmi les filles de la terre...
Et je l'aimais, oh! je l'aimais
Tant, que ma bouche doit se taire.

J'ai honte de ce que je dis;
Car nul ne saura ni la femme,

Ni l'amour, ni le paradis
Que je garde au fond de mon âme.

Que ces mots restent enfouis,
Oubliés, (l'oubliance est douce)
Comme un coffret plein de louis
Au pied du mur couvert de mousse.

A GRAND-PAPA

Il faut écouter, amis,
La parole des ancêtres.
— Ne soyons jamais soumis! —
Mais, d'où viennent tous les êtres?

Donc pour cela, puis-je oser,
A travers l'Imaginaire,
Vous envoyer un baiser
De tout mon cœur, mon grand-père?

Vous faisiez des vers très doux
D'après le doux Théocrite,
« L'Oaristys! » C'est de vous
Qu'en faisant ces vers, j'hérite.

RÊVE

Oh! la fleur de lys!
La noble fleur blanche,
La fleur qui se penche
Sur nos fronts pâlis!

Son parfum suave
Plus doux que le miel
Raconte le ciel,
Console l'esclave.

Son luxe éclatant
Dans la saison douce
Pousse, pousse, pousse.
Qui nous orne autant?

La rose est coquette;
Le glaïeul sanglant
Mais le lys est blanc
Pour la grande fête.

Oh! le temps des rois,
Des grands capitaines,

Des phrases hautaines
Aux étrangers froids!

Le printemps s'apprête;
Les lys vont fleurir.
Oh! ne pas mourir
Avant cette fête.

A LA MÉMOIRE DE GAMBETTA

Le grand Lion est mort. Il reste les renards,
Les fouines, les chiens, les rats et les lézards.
Ces bêtes ne sont pas absolument impures
Elles savent manger nos plus sales ordures
Et peuvent nettoyer nos plus puants égouts;
Mais, Lui le grand Lion, n'avait pas de ces goûts,
Il allait à travers la Forêt séculaire,
Et sans souci d'ailleurs de plaire ou de déplaire
Posait sa bonne patte onglée entre les houx
Des clôtures, et sur les sages rangs de choux,
Que les Tranquilles, que les Lâches (trois ou quatre.
En France) arrosent sans penser qu'on va se battre.
La patte onglée était belle, écrasant les choux;
Et vous lézards, vous chiens, rats, fouines et vous
Renards, qui vous rendra votre folle assurance?

Le grand Lion est mort, dans la Forêt de France.

NOCTURNE

Elle

Le rossignol se plaint dans la ramure noire.
Je t'ai donné mon corps, et mon âme, et ma gloire.

Les arbres élancés sont noirs sur le ciel vert.
Vois cette fleur qui meurt dans mon corsage ouvert.

Le vent est parfumé ce soir comme de l'ambre.
Tu sais qu'on a trouvé ton poignard dans ma chambre.

Embrasse-moi. La lune a des teintes de sang.
Mon père est mort, dit-on, hier en me maudissant.

Là-haut le rossignol pleure et se désespère.
La cloche qu'on entend, c'est le glas de mon père.

Les parfums de ce soir font ployer mes genoux,
Je suis lasse. Un instant, ami, reposons-nous.

Que je t'aime! Au château vois-tu cette lumière?
C'est un cierge allumé près du lit de ma mère.

Ah! les étoiles!... — On dirait un sable d'or.
Ne t'avais-je pas dit que mon père était mort?

Levons-nous. Allons près du lac. Je suis plus forte.
Ne t'avais-je pas dit que ma mère était morte?

Entends le bruit de l'eau... C'est comme des chansons,
C'est comme nos baisers, quand nous nous embrassons.

Je ne veux pas savoir d'où tu viens, ni même
Savoir quel est ton nom... Que m'importe? Je t'aime

Le rossignol se tait au bruit de ce beffroi.
Ma mère me disait que ton cœur était froid.

La lune fait pâlir le cierge à la fenêtre.
Mon père me disait que tu n'étais qu'un traître.

Écoute ce grillon. Vois donc ce vers luisant.
Assez de cloche. Assez de cierge. — Allons-nous-en.

J'ai pris des diamants autant qu'on voit d'étoiles,
Partons. Sens le bon vent, qui va gonfler nos voiles.

Viens. Qu'est-ce qui retient ta parole et tes pas?

Lui

Mademoiselle, mais... Je ne vous aime pas.

LES LANGUES

Le russe est froid, presque cruel,
L'allemand chuinte ses consonnes;
Italie, en vain tu résonnes
De ton baiser perpétuel.

Dans l'anglais il y a du miel,
Des miaulements de personnes
Qui se disent douces et bonnes;
Ça sert, pour le temps actuel.

Les langues d'orient? regret
Ou gloussement sans intérêt.
Chère, quand tu m'appelles Charles,

Avec cet accent sans pareil
Le langage que tu me parles,
C'est le français, clair de soleil.

BALLADE DE LA RUINE

Je viens de revoir le pays,
Le beau domaine imaginaire
Où des horizons éblouis
Me venaient des parfums exquis.
Ces parfums et cette lumière
Je ne les ai pas retrouvés.
Au château s'émiette la pierre.
    L'herbe pousse entre les pavés.

La galerie où les amis
Venaient faire joyeuse chère
Abrite en ses lambris moisis
Cloportes et chauves-souris;
L'ortie a tué jusqu'au lierre.
Les beaux lévriers sont crevés
Qui jappaient d'une voix si claire.
    L'herbe pousse entre les pavés.

Tous les serments furent trahis.
Les souvenirs sont en poussière,
Les midis éteints et les nuits
Pleines de terreurs et de bruits.

Qui fut la châtelaine altière?
Pastels que la pluie a lavés
Restez muets sur ce mystère.
    L'herbe pousse entre les pavés.

ENVOI

Prince, à jamais faites-moi taire;
Rasez tous ces murs excavés
Et semez du sel dans la terre.
    L'herbe pousse entre les pavés.

Fantaisies tragiques

SCÈNE D'ATELIER

A Louis Montégut.

Exquis musicien, devant son chevalet,
Le peintre aux cheveux d'or, à la barbe fleurie
Chantonne. Et cependant il brosse avec furie
La toile, car, vraiment, ce sujet-là lui plaît.

Le modèle est un tigre, un vrai tigre, complet,
Vivant et miaulant comme dans sa patrie;
Ce tigre pose mal, son mouvement varie,
Ce n'est plus le profil que le peintre voulait.

Il faut voir de la griffe, et de la jalousie...
Et le peintre, chantant des chants de rossignol,
Pousse la bête, qui rugit. Lui s'extasie.

Et de sa brosse au noir, qui court d'un léger vol,
Sème parmi le poil rayé « La Fantaisie »,
Double-croche, et soupir et dièze et bémol.

Je suis un homme mort depuis plusieurs années ;
Mes os sont recouverts par les roses fanées.

Tant pis pour la vertu! Polichinelle ivrogne,
Et doublement bossu, se moque des procès,
Du diable, de la mort; après tant de forfaits!
Et nous l'adorons tous. Pourquoi? Parce qu'il cogne!

GALATÉE ET PYGMALION

groupe sculpté par...

Pygmalion, sculpteur, a travaillé la pierre
Si bien que Galatée idéale apparaît.
Il a mis tout son cœur à cet effort secret
Toute son âme émue et toute sa lumière.

Là voilà, blanche dans l'atelier solitaire,
Finie aux yeux, finie aux reins et l'on croirait
Que le pied délicat quitte le socle, prêt
A courir dans la vie. Et même la paupière

A remué! Ce n'est pas une illusion...
Le marbre devient chair! Pourquoi, Pygmalion,
As-tu fait si charmeurs ces seins et ces épaules?

Elle vit. Écrasé sous sa mignonne main
Tu subis nos douleurs d'hier et de demain :
L'épine de la rose et la neige des pôles.

A TUER

Voici venir le printemps vague
Je veux être belle. Une bague
Attire à ma main ton baiser.

Aime-moi bien! Aime-moi toute
Surtout jamais, jamais de doute.
Ta fureur? Je vais l'apaiser.

J'ai mal fait. — Mais ne sois pas triste,
Enterre-moi sous la batiste.
Je meurs! des coussins, des coussins!

A présent je serai bien sage
Tes bras autour de mon corsage
Et tes lèvres entre mes seins.

IN MORTE VITA

La maîtresse du soldat
    C'est la mort.
Pour qu'il lui soit infidèle
    Venez femmes.
Entourez de vos [bras] * blancs
    Le drap dur
Qui l'habille en couleurs franches
    Pour se battre.
Baisez sa bouche et ses yeux
    Mais en vain;
Il oubliera vos caresses
    Car il pense
Que sa maîtresse à jamais
    C'est la mort.

* Nous inscrivons ici le mot [bras] — suivant en cela la leçon des éditeurs modernes — en place du mot *draps* qui figure dans l'édition princeps et qui est manifestement un contre-sens. *(Note de H.J.)*

ÉCOLE BUISSONNIÈRE

Ma pensée est une églantine
Éclose trop tôt en avril,
Moqueuse au moucheron subtil
Ma pensée est une églantine;
Si parfois tremble son pistil
Sa corolle s'ouvre mutine.
Ma pensée est une églantine
Éclose trop tôt en avril.

Ma pensée est comme un chardon
Piquant sous les fleurs violettes,
Un peu rude au doux abandon
Ma pensée est comme un chardon;
Tu viens le visiter, bourdon?
Ma fleur plaît à beaucoup de bêtes.
Ma pensée est comme un chardon
Piquant sous les fleurs violettes.

Ma pensée est une insensée
Qui s'égare dans les roseaux
Aux chants des eaux et des oiseaux,
Ma pensée est une insensée.

Les roseaux font de verts réseaux,
Lotus sans tige sur les eaux
Ma pensée est une insensée
Qui s'égare dans les roseaux.

Ma pensée est l'âcre poison
Qu'on boit à la dernière fête
Couleur, parfum et trahison,
Ma pensée est l'âcre poison,
Fleur frêle, pourprée et coquette
Qu'on trouve à l'arrière-saison
Ma pensée est l'âcre poison
Qu'on boit à la dernière fête.

Ma pensée est un perce-neige
Qui pousse et rit malgré le froid
Sans souci d'heure ni d'endroit
Ma pensée est un perce-neige.
Si son terrain est bien étroit
La feuille morte le protège,
Ma pensée est un perce-neige
Qui pousse et rit malgré le froid.

BERCEUSE

Il y a une heure bête
    Où il faut dormir.
Il y a aussi la fête
    Où il faut jouir.

Mais quand tu penches la tête
    Avec un soupir
Sur mon cœur, mon cœur s'arrête
    Et je vais mourir...

Non! ravi de tes mensonges,
    Ô fille des loups,
Je m'endors noyé de songes

    Entre tes genoux.
Après mon cœur que tu ronges
    Que mangerons-nous?

LIBERTÉ

Le vent impur des étables
Vient d'Ouest, d'Est, du Sud, du Nord.
On ne s'assied plus aux tables
Des heureux, puisqu'on est mort.

Les princesses aux beaux râbles
Offrent leurs plus doux trésors.
Mais on s'en va dans les sables
Oublié, méprisé, fort.

On peut regarder la lune
Tranquille dans le ciel noir.
Et quelle morale?... aucune.

Je me console à vous voir,
A vous étreindre ce soir
Amie éclatante et brune.

BALLADE DES MAUVAISES PERSONNES

Qu'on vive dans les étincelles
Ou qu'on dorme sur le gazon
Au bruit des râteaux et des pelles,
On entend mâles et femelles
Prêtes à toute trahison,
Les personnes perpétuelles
Aiguisant leurs griffes cruelles,
   Les personnes qui ont raison.

Elles rêvent (choses nouvelles!)
Le pistolet et le poison.
Elles ont des chants de crécelles
Elles n'ont rien dans leurs cervelles
Ni dans le cœur aucun tison,
Froissant les fleurs sous leurs semelles
Et courant des routes (lesquelles?)
   Les personnes qui ont raison.

Malgré tant d'injures mortelles
Les roses poussent à foison
Et les seins gonflent les dentelles
Et rose est encor l'horizon;

Roses sont Marie et Suzon!
Mais, les autres, que veulent-elles?
Elles ne sont vraiment pas belles,
    Les personnes qui ont raison.

ENVOI

Prince, qui, gracieux, excelles
A nous tirer de la prison,
Chasse au loin par tes ritournelles
    Les personnes qui ont raison.

RÉCONCILIATION

J'ai fui par un soir monotone,
Pardonne-moi! — Je te pardonne,
Mais ne me parle de personne.

— Il m'a trompée avec sa voix,
Il m'a menée au fond des bois;
Mais aujourd'hui, je te revois.

— Ne parle de personne, chère!
Respirons la brise légère
Et l'oubli de toute chimère.

— Oui, l'oubli! tu dis vrai. Le jour
Finit rose pour mon retour;
Je te dois cette nuit d'amour.

— La nuit d'amour est toute prête;
Nous avons du vin pour la fête
Et la folie est dans ma tête.

— Ta chambre est chaude comme avant
Et l'on entend le bruit du vent
Qui nous endormait en rêvant.

— Tu me parais encor plus belle;
Plus fièrement ta chair rebelle
Gonfle ton corsage en dentelle.

— Tu deviens pâle, mon ami!
Viens dans le lit; noyons parmi
Nos baisers ton cœur endormi.

— Mais j'ai perdu mon cœur en route;
Mon sang est tombé goutte à goutte
Et ma chair triste s'est dissoute.

— Hélas! à chaque vêtement
Que tu quittes, mon doux amant,
Je vois tes os gris seulement.

— Pouvais-je te laisser seulette
Au lit? Voici la nuit complète.
— Oh! Va-t'en loin de moi, squelette!

— C'est que, vois-tu, j'ai bien souffert,
J'étais comme un héros de fer.
Hors de tes bras c'était l'enfer.

— Va-t'en! oh! tout mon corps frissonne!
Ne me parle plus de personne.
— Entends comme mon crâne sonne.

Tu l'as vidé par tes péchés;
Mes os sont bien mal attachés,
Nous serons mieux étant couchés.

J'égrène toutes mes vertèbres
Et toi, blanche dans les ténèbres,
Tu meurs de mes baisers funèbres.

Tes regards furent imprudents;
Tu meurs de mes baisers ardents
Sans lèvres autour de mes dents.

Te voilà morte, blanche et rose,
J'ai souffert : ma souffrance est close;
Tout martyr enfin se repose...

BALLADE DES SOURIS

Où trouver la côte et la mer
Groënland, Afrique, Islande, Espagne,
Où je pourrais m'en aller fier,
Moi qui n'ai pas trouvé mon pair?
J'ai la misère pour compagne
Et dans l'appartement désert
On n'entend pas un souffle d'air.
    Les souris sont à la campagne.

Mais par ce temps de pain très cher
Où l'on perd le beurre qu'on gagne,
Malgré qu'il fasse rose et clair,
On me donne un conseil d'hiver :
« Allez-vous-en sur la montagne
Vous vivrez d'un rien dans l'éther. »
Je pars, quittant le monde amer,
    Les souris sont à la campagne.

Et je devrais, chaussé de vair
Comme l'empereur Charlemagne,
Mener le monde avec du fer,
Riant du ciel et de l'enfer

Et de la prison, et du bagne
Et du cimetière et du ver,
Ayant sous le front un éclair,
    Les souris sont à la campagne.

Malgré les vents Borée, Auster,
Chaste Muse, ôte un peu ton pagne,
Livre-moi librement ta chair.
    Les souris sont à la campagne.

Douleurs et colères

Vers trouvés sur la berge

BANALITÉ

L'océan d'argent couvre tout
Avec sa marée incrustante.
Nous avons rêvé jusqu'au bout
Le legs d'un oncle ou d'une tante.

Rien ne vient. Notre cerveau bout
Dans l'Idéal, feu qui nous tente,
Et nous mourons. Restent debout
Ceux qui font le cours de la rente.

Étouffé sous les lourds métaux
Qui brûlèrent toute espérance,
Mon cœur fait un bruit de marteaux.

L'or, l'argent, rois d'indifférence
Fondus, puis froids, ont recouvert
Les muguets et le gazon vert.

MALGRÉ TOUT

Je sens la bonne odeur des vaches dans le pré;
Bétail, moissons, vraiment la richesse étincelle
Dans la plaine sans fin, sans fin, où de son aile
La pie a des tracés noirs sur le ciel doré.

Et puis, voici venir, belle toute à mon gré,
La fille qui ne sait rien de ce qu'on veut d'elle
Mais qui est la plus belle en la saison nouvelle
Et dont le regard clair est le plus adoré.

Malgré tous les travaux, odeurs vagues, serviles,
Loin de la mer, et loin des champs, et loin des villes
Je veux l'avoir, je veux, parmi ses cheveux lourds,

Oublier le regard absurde, absurde, infâme,
Enfin, enfin je veux me noyer dans toi, femme,
Et mourir criminel pour toujours, pour toujours!

CARESSE

Tu m'as pris jeune, simple et beau,
Joyeux de l'aurore nouvelle;
Mais tu m'as montré le tombeau
Et tu m'as mangé la cervelle.

Tu fleurais les meilleurs jasmins,
Les roses jalousaient ta joue;
Avec tes deux petites mains
Tu m'as tout inondé de boue.

Le soleil éclairait mon front,
La lune révélait ta forme;
Et loin des gloires qui seront
Je tombe dans l'abîme énorme.

Enlace-moi bien de tes bras!
Que nul ne fasse ta statue
Plus près, charmante! Tu mourras
Car je te tue — et je me tue.

JEUNE HOMME

Oh! me coucher tranquillement
Pendant des heures infinies!
Et j'étais pourtant ton amant
Lors des abandons que tu nies.

Tu mens trop! Toute femme ment.
Jouer avec les ironies,
Avec l'oubli froid, c'est charmant.
Moi, je baise tes mains bénies.

Je me tais. Je vais dans la nuit
Du cimetière calme où luit
La lune sur la terre brune.

Six balles de mon revolver
M'enverront sous le gazon vert
Oublier tes yeux et la lune.

INDIGNATION *

J'aurais bien voulu vivre en doux ermite,
Vivre d'un radis et de l'eau qui court.
Mais l'art est si long et le temps si court!
Je rêve, poignards, poisons, dynamite.

Avoir un chalet en bois de sapin!
J'ai de beaux enfants (l'avenir), leur mère
M'aime bien, malgré cette idée amère
Que je ne sais pas gagner notre pain.

Le monde nouveau me voit à sa tête.
Si j'étais anglais, chinois, allemand,
Ou russe, oh! alors on verrait comment
La France ferait pour moi la coquette.

* L'édition du *Collier de griffes* réduit ce poème aux quatre
premiers quatrains. Nous avons choisi de faire paraître, ici, la
version en sept quatrains qui fut publiée dans *La Revue de L'Aude*
en octobre 1888. *(Note de H.J.).*

J'ai tout rêvé, tout dit, dans mon pays
J'ai joué du feu, de l'air, de la lyre.
On a pu m'entendre, on a pu me lire
Et les gens s'en vont dormir, ébahis...

J'ai dix mille amis. Ils ont tous des rentes.
Combien d'ennemis?... Je ne compte pas.
On voudrait m'avoir aux fins des repas,
Aux cigares, aux liqueurs enivrantes.

Puis je m'en irais foulant le tapis
Dans l'escalier chaud, devant l'écaillère;
Marchant dans la boue, ou dans la poussière,
Je retournerais à pied au logis.

Las d'être traité comme les Ilotes,
Je vais m'en aller loin de vous, songeant
Que je ne peux pas, sans beaucoup d'argent,
Contre tant de culs user tant de bottes.

Un immense désespoir
Noir
M'atteint
Désormais, je ne pourrais
M'égayer au rose et frais
Matin.

Et je tombe dans un trou
Fou,
Pourquoi
Tout ce que j'ai fait d'efforts
Dans l'Idéal m'a mis hors
La Loi?

Satan, lorsque tu tombas
Bas,
Au moins
Tu payais tes vœux cruels,
Ton crime avait d'immortels
Témoins.

Moi, je n'ai jamais troublé,
Blé,

L'espoir
Que tu donnes aux semeurs
Cependant, puni, je meurs
Ce soir.

J'ai fait à quelque animal
Mal
Avec
Une badine en chemin,
Il se vengera demain
Du bec.

Il me crèvera les yeux
Mieux
Que vous
Avec l'épingle à chapeau
Femmes, au contact de peau
Si doux.

AUX IMBÉCILES

Quant nous irisons
Tous nos horizons
D'émeraudes et de cuivre,
Les gens bien assis
Exempts de soucis
Ne doivent pas nous poursuivre.

On devient très fin,
Mais on meurt de faim,
A jouer de la guitare,
On n'est emporté,
L'hiver ni l'été,
Dans le train d'aucune gare.

Le chemin de fer
Est vraiment trop cher.
Le steamer fendeur de l'onde
Est plus cher encor;
Il faut beaucoup d'or
Pour aller au bout du monde.

Donc, gens bien assis,
Exempts de soucis,

Méfiez-vous du poète,
   Qui peut, ayant faim,
   Vous mettre, à la fin,
Quelques balles dans la tête.

SAINT SÉBASTIEN

Je suis inutile et je suis nuisible;
Ma peau a les tons qu'il faut pour la cible.
Valets au pouvoir public attachés,
Tirez, tirez donc, honnêtes archers!

La première flèche a blessé mon ventre,
La seconde avec férocité m'entre
Dans la gorge, aussi mon sang précieux
Jaillit, rouge clair, au regard des cieux.

Je meurs et là-haut sont dans les platanes
Des oiseaux charmeurs. En bas de bons ânes
Mêlés à des ours, brutes qu'il ne faut
Jamais occuper des choses d'en haut.

SONNET

Je sais faire des vers perpétuels. Les hommes
Sont ravis à ma voix qui dit la vérité.
La suprême raison dont j'ai, fier, hérité
Ne se payerait pas avec toutes les sommes.

J'ai tout touché : le feu, les femmes, et les pommes;
J'ai tout senti : l'hiver, le printemps et l'été;
J'ai tout trouvé, nul mur ne m'ayant arrêté.
Mais Chance, dis-moi donc de quel nom tu te nommes?

Je me distrais à voir à travers les carreaux
Des boutiques, les gants, les truffes et les chèques
Où le bonheur est un suivi de six zéros.

Je m'étonne, valant bien les rois, les évêques,
Les colonels et les receveurs généraux
De n'avoir pas de l'eau, du soleil, des pastèques.

SONNET

J'ai peur de la femme qui dort
Sur le canapé, sous la lampe.
On dirait un serpent qui mord,
Un serpent bien luisant qui rampe.

Je ne suis pas un homme fort,
Mais ce soir le sang bat ma tempe.
L'amour va bien avec la mort;
Mon poignard, essayons ta trempe.

Arrêtons son rêve menteur.
Nulle langueur, nulle senteur,
Acier, n'empêchera ton œuvre.

Ô lâcheté! le lendemain
J'aspirais l'odeur de jasmin
De ma triomphante couleuvre!

LE PROPRIÉTAIRE

Né dans quelque trou malsain
D'Auvergne ou du Limousin,
Il bêche d'abord la terre.
Humble, sans désir, sans but;
C'est le modeste début
    Du propriétaire.

Dès que les temps sont plus beaux
Il achète des sabots
A quarante sous la paire
Et part, le cœur plein d'espoir.
Il n'a pas l'air, à le voir,
    D'un propriétaire.

D'abord pour gagner son pain
Il vend des peaux de lapin.
Quoique ce commerce altère,
Il ne boit pas son argent
Car il est intelligent,
    Le propriétaire.

Si quelque minois moqueur
Lorgnant sa bourse et son cœur
Forçait la consigne altière!...
Sans escompter le futur
Il résiste et reste pur,
  Le propriétaire.

Son magot d'abord petit
Tout doucement s'arrondit
Dans le calme et le mystère,
Puis, d'accord avec la loi,
Son or le fait presque roi,
  Le propriétaire.

INSOUMISSION

A Lionel Nunès.

Vivre tranquille en sa maison,
Vertueux ayant bien raison,
Vaut autant boire du poison.

Je ne veux pas de maladie,
Ma fierté n'est pas refroidie,
J'entends la jeune mélodie.

J'entends le bruit de l'eau qui court,
J'entends gronder l'orage lourd,
L'art est long et le temps est court.

Tant mieux, puisqu'il y a des pêches,
Du vin frais et des filles fraîches,
Et l'incendie et ses flammèches.

On naît filles, on naît garçons.
On vit en chantant des chansons,
On meurt en buvant des boissons.

AU CAFÉ

Le rêve est de ne pas dîner,
Mais boire, causer, badiner
    Quant la nuit tombe;
Épuisant les apéritifs,
On rit des cyprès et des ifs
    Ombrant la tombe.

Et chacun a toujours raison
De tout, tandis qu'à la maison
    La soupe fume,
On oublie, en mots triomphants,
Le rire nouveau des enfants
    Qui nous parfume.

On traverse, vague semis,
Les amis et les ennemis
    Que l'on évite.
Il vaudrait mieux jouer aux dés,
Car les mots sont des procédés
    Dont on meurt vite.

Ces gens du café, qui sont-ils?
J'ai dans les quarts d'heure subtils
    Trouvé des choses
Que jamais ils ne comprendront,
Et, dédaigneux, j'orne mon front
    Avec des roses.

Tendresse

SONNET

Il y a des moments où les femmes sont fleurs;
On n'a pas de respect pour ces fraîches corolles...
Je suis un papillon qui fuit des choses folles,
Et c'est dans un baiser suprême que je meurs.

Mais il y a parfois de mauvaises rumeurs;
Je t'ai baisé le bec, oiseau bleu qui t'envoles,
J'ai bouché mon oreille aux funèbres paroles;
Mais, Muse, j'ai fléchi sous tes regards charmeurs.

Je paie avec mon sang véritable, je paie
Et ne recevrai pas, je le sais, de monnaie,
Et l'on me laissera mourir au pied du mur.

Ayant traversé tout, inondation, flamme,
Je ne me plaindrai pas, délicieuse femme,
Ni du passé, ni du présent, ni du futur!

SONNET

Je ne vous ferai pas de vers,
Madame, blonde entre les blondes,
Vous réduiriez trop l'univers,
Vous seriez reine sur les mondes.

Vos yeux de saphir, grands ouverts,
Inquiètent comme les ondes
Des fleuves, les lacs et des mers
Et j'en ai des rages profondes.

Mais je suis pourtant désarmé
Par la bouche, rose de mai,
Qui parle si bien sans parole,

Et qui dit le mot sans pareil,
Fleur délicieusement folle
Éclose à Paris, au soleil.

CUEILLETTE

C'était un vrai petit voyou,
Elle venait on ne sait d'où,
Moi, je l'aimais comme une bête.
Oh! la jeunesse, quelle fête!

Un baiser derrière son cou
La fit rire et me rendit fou.
Sainfoin, bouton d'or, pâquerette,
Surveillaient notre tête à tête.

La clairière est comme un salon
Tout doré; les jaunes abeilles
Vont aux fleurs qui leur sont pareilles;

Moi seul, féroce et noir frelon,
Qui baise ses lèvres vermeilles,
Je fais tache en ce fouillis blond.

AUX FEMMES

Noyez dans un regard limpide, aérien,
    Les douleurs.
Ne dites rien de mal, ne dites rien de bien,
    Soyez fleurs.
Soyez fleurs : par ces temps enragés, enfumés
    De charbon,
Soyez roses et lys. Et puis, aimez, aimez!
    C'est si bon!...

Il y a la fleur, il y a la femme,
Il y a le bois où l'on peut courir
Il y a l'étang où l'on peut mourir.
Alors, que nous fait l'éloge ou le blâme?

L'aurore naît et la mort vient.
Qu'ai-je fait de mal ou de bien?
Je suis emporté par l'orage,
Riant, pleurant, mais jamais sage.

Ceux qui dédaignent les amours
        Ont tort, ont tort,
Car le soleil brille toujours;
        La Mort, la Mort
Vient vite et les sentiers sont courts.

Comme tu souffres, mon pays,
Ô lumineuse, ô douce France,
Et tous les peuples ébahis
Ne comprennent pas ta souffrance.

TABLEAU DE SAINTETÉ

La mère et l'enfant, éternel objet
De tout philosophe et de tout artiste!
Chasser ta pensée ou féroce ou triste,
Sans la mère et sans l'enfant, qui le fait?

Un chapeau trop grand, un verre de lait,
C'est l'enfant content. Et la mère insiste
Pour le faire boire. Oh! la grâce existe
Au milieu du crime, au milieu du laid.

Le ton rouge et frais des mignonnes lèvres
Nous font oublier nos malsaines fièvres.
Oh! les petits mots qu'on ne comprend pas.

La mère, charmante, hésite à sourire,
Elle sait l'amour qu'on ne peut pas dire
Tenant doucement son fils dans ses bras.

PAROLES D'UN MIROIR
A UNE BELLE DAME

Belle, belle, belle, belle!
Que voulez-vous que je dise
A votre frimousse exquise?
Riez, rose, sans cervelle.

Je suis un petit miroir,
Je suis de glace et d'étain;
Mais vos yeux et votre teint
S'illuminent à vous voir.

Les douleurs, les ennuis pires,
Je chasse tout penser triste;
Je ne veux (un tic d'artiste)
Refléter que vos sourires.

LILAS

Ma maîtresse me fait des scènes.
Paradis fleuri de lilas
Je viens humer tes odeurs saines.

Les moribonds disent : Hélas!
Les vieux disent des mots obscènes
Pour couvrir le bruit de leurs glas.

Dans le bois de pins et de chênes
Les obus jettent leurs éclats.
Victoire? Défaite? Phalènes.

Pluie améthyste les lilas,
Sans souci d'ambitions vaines,
Offrent aux plus gueux leurs galas.

La mer, les montagnes, les plaines,
Tout est oublié. Je suis las,
Las de la bêtise et des haines.

Mais mon cœur renaît aux lilas.

TESTAMENT

Si mon âme claire s'éteint
Comme une lampe sans pétrole,
Si mon esprit, en haut, déteint
Comme une guenille folle,

Si je moisis, diamantin,
Entier, sans tache, sans vérole,
Si le bégaiement bête atteint
Ma persuasive parole,

Et si je meurs, soûl, dans un coin
C'est que ma patrie est bien loin
Loin de la France et de la terre.

Ne craignez rien, je ne maudis
Personne. Car un paradis
Matinal, s'ouvre et me fait taire.

A MA FEMME ENDORMIE

Tu dors en croyant que mes vers
Vont encombrer tout l'univers
De désastres et d'incendies;
Elles sont si rares pourtant
Mes chansons au soleil couchant
Et mes lointaines mélodies.

Mais si je dérange parfois
La sérénité des cieux froids,
Si des sons d'acier ou de cuivre
Ou d'or, vibrent dans mes chansons,
Pardonne ces hautes façons,
C'est que je me hâte de vivre.

Et puis tu m'aimeras toujours.
Éternelles sont les amours
Dont ma mémoire est le repaire;
Nos enfants seront de fiers gas
Qui répareront les dégâts,
Que dans ta vie a faits leur père.

Ils dorment sans rêver à rien,
Dans le nuage aérien

Des cheveux sur leurs fines têtes;
Et toi, près d'eux, tu dors aussi,
Ayant oublié le souci
De tout travail, de toutes dettes.

Moi je veille et je fais ces vers
Qui laisseront tout l'univers
Sans désastre et sans incendie;
Et demain, au soleil montant
Tu souriras en écoutant
Cette tranquille mélodie.

ALMANACH

Les fillettes sont bien grandies
Qu'on faisait sauter dans ses mains!
Que de cendres sont refroidies!
Voici refleuris les jasmins.

Il est un charme aux lendemains,
Un bercement aux maladies.
Les roses perdent leurs carmins
Mais restent de nobles ladies.

Sans être ni riche ni fort
On attend doucement la mort
En contemplant le ciel plein d'astres.

Mais il vient des mots étouffants;
On laissera les chers enfants
Livrés à de vagues désastres.

SONNET

Moi, je vis la vie à côté,
Pleurant alors que c'est la fête.
Les gens disent : « Comme il est bête! »
En somme, je suis mal coté.

J'allume du feu dans l'été,
Dans l'usine je suis poète;
Pour les pitres je fais la quête.
Qu'importe! J'aime la beauté.

Beauté des pays et des femmes,
Beauté des vers, beauté des flammes,
Beauté du bien, beauté du mal.

J'ai trop étudié les choses;
Le temps marche d'un pas normal :
Des roses, des roses, des roses!

La Vision du grand canal royal des Deux Mers

Envole-toi chanson, va dire au Roi de France
Mon rêve lumineux, ma suprême espérance !

Je chante, ô ma Patrie, en des vers doux et lents
La ceinture d'azur attachée à tes flancs,

Le liquide chemin de Bordeaux à Narbonne
Qu'abreuvent tour à tour et l'Aude et la Garonne.

*

L'aurore étend ses bras roses autour du ciel.
On sent la rose, on sent le thym, on sent le miel.

La brise chaude, humide avec des odeurs vagues,
Souffle de la mer bleue où moutonnent les vagues.

Et la mer bleue arrive au milieu des coteaux ;
Son flot soumis amène ici mille bateaux :

Vaisseaux de l'Orient, surchargés d'aromates,
Chalands pleins de maïs, de citrons, de tomates,

Felouques apportant les ballots de Cachmir,
Tartanes où l'on voit des Levantins dormir.

Les trésors scintillants de l'Inde et de la Chine
Passent, voilés par la vapeur de la machine :

C'est la nacre, l'ivoire, et la soie et le thé,
Le thé nectar suave et chaste volupté;

Nacre, ivoire fouillés en forêts de la lune,
Saules, pêchers en fleur sur faille bleue et brune.

Le tabac, le hachisch, l'opium, poisons charmants,
Trompent tous les douaniers et tous les règlements.

Dans le canal profond, exempt des vents du large,
Ce bâtiment s'avance, allègre de sa charge.

C'est un Russe, qui vient du grand pays des blés,
C'est l'Ami! Nous aurons du pain aux temps troublés.

Sous ce beau ciel, sous des lueurs à l'or pareilles,
Ces navires pressés vont, riche essaim d'abeilles.

*

Je chante, ô ma Patrie, en des vers doux et lents,
La ceinture d'azur attachée à tes flancs,

Le liquide chemin de Bordeaux à Narbonne,
Qu'abreuvent tout à tour et l'Aude et la Garonne.

*

Voici, blanches, aux bords s'aligner les maisons,
Heureuses, sans souci des mauvaises saisons.

Car les apports du monde et la science insigne
Ont fait revivre ici l'olivier et la vigne.

L'olivier, c'est la paix; le bonheur, c'est le vin.
Tout est joie à présent, dans ce pays divin.

Les filles ont dans leurs cheveux, aux promenades,
Les bleuets, les jasmins et la fleur des grenades.

Elles passent, tandis que là-bas, les garçons
Rythment la langue d'oc en de claires chansons.

Toulouse! ville antique où fleurissent encore
Pour les poètes, vos fleurs d'or, Clémence Isaure,

Toulouse triomphale héberge l'univers
Sous ses palais de brique et ses peupliers verts.

Et la flûte soupire et la harpe résonne
Sur les bords du canal de Bordeaux à Narbonne.

*

Je chante, ô ma Patrie, en des vers doux et lents,
La ceinture d'azur attachée à tes flancs.

*

De l'Océan, voici venir en sens inverse
Ces vaisseaux noirs, ces blés que sur les quais on verse,

Et l'or, l'argent, le cuivre, objets d'un troc pervers
Dont se repaît le crime, et dont pleurent mes vers,

Les bœufs aux grands yeux doux que la mer effarouche
Cotés en mots cruels, « provisions de bouche ».

C'est l'Amérique, c'est de la viande et du pain.
Laissons passer. A l'Est, tant de pauvres ont faim !

La consigne est avec les gens de l'Angleterre :
Du charbon, du coton, payer, passer, se taire.

C'est fini de l'Anglais, ancien épouvantail,
Mer bleue, où luit la nacre, où rougit le corail !

Sous les yeux de la nuit, dors Méditerranée,
Et souris au matin, mer où Vénus est née,

Et souris à l'Afrique où l'orgueil indompté
De nos rois fit fleurir la sainte liberté !

Flot d'azur et d'hermine, aux rochers que tu laves
La France a défendu d'enchaîner des esclaves !

Je chante, ô ma Patrie, en des vers doux et lents,
La ceinture d'azur attachée à tes flancs.

Normands, Bretons, Gascons, Languedoc et Provence
Buvons ensemble à la santé du Roi de France.

Passez ici, chantons et serrons-nous les mains,
Loin des tempêtes, loin des désastreux chemins,

Le golfe de Gascogne et la mer des Sargasses,
Gibraltar sans profit pour les Anglais rapaces.

Scandinave à ton gré, marin universel,
Apporte-nous ta pêche, emporte notre sel,

Et qu'avec notre vin ton audace s'abreuve
En Islande et dans les brouillards de Terre-Neuve.

*

Je chante, ô ma Patrie, en des vers doux et lents,
La ceinture d'azur attachée à tes flancs,

Le chemin qu'a rêvé la science idéale,
Le canal creusé par la Puissance royale.

*

Ici, calmes, au cœur du pays, des bassins
Bercent les nefs d'acier, ces guêpes en essaims.

Elles dorment, pouvant prendre toutes les routes.
Des Français sont à bord, la Mort est dans les soutes.

Et l'Orient malsain, et l'Occident vénal
Ne savent pas d'où nous sortirons du canal.

*

Envole-toi, chanson, va dire au Roi de France
Mon rêve lumineux, ma suprême espérance.

*

Maintenant les canaux forment comme un lacis,
Comme un tapis brodé recouvrant le pays.

Et le Pays du vin vermeil, des moissons blondes,
La France, a dans son cœur le chemin des deux
    mondes,

Le liquide chemin, bleu, bordé d'arbres verts,
Que Riquet dut rêver et que chantent mes vers.

Les bons monstres de fer, excavateurs et dragues,
Firent ce fleuve où les deux mers joignent leurs
    vagues.

Et la terre livra du fond de ses replis
Des sous gaulois frappés d'un coq, frappés d'un lys.

Les sous gaulois qu'on trouve en Alsace, en Lorraine,
Remparts que montre à l'Est la France souveraine,

La France que le Rhin et ses grands peupliers
Limitent, fiers témoins des temps inoubliés.

Car le Rhin est gaulois, comme est gaulois le Rhône,
Comme est la Seine qui baigne les pieds du trône,

Comme est la Loire où Jeanne et ses guerriers géants
Chassèrent les Anglais au siège d'Orléans,

Comme est le bleu chemin dont l'univers s'étonne,
LE GRAND CANAL ROYAL DE BORDEAUX A NARBONNE.

*

Le Roi de France est à Paris dans son palais,
Il reçoit tout le monde, et même les Anglais.

Il n'est rien d'aussi beau que Paris sur la terre
Et toute haine et toute envie ont dû se taire.

Partout règne l'honneur, partout règne la loi,
On voit combien sont forts, et la France et le Roi.

Le Roi fier au dehors, le Roi pour nous si tendre!
On sait tous les pardons que sa main dut répandre.

Et les mauvais combats et les mauvais procès
N'ont plus troublé les cœurs du grand peuple français.

La nation, jadis saccagée et meurtrie,
Offre à son Roi la paix, son sang à la Patrie.

*

Mais la gloire du Roi de France va plus haut
Que la terre. A présent c'est le ciel qu'il lui faut.

Car le ciel est peuplé de sphères amoureuses,
Comme nous, de lumière et de forêts ombreuses;

Car les savants ont vu depuis plus de cent ans
Des signaux faits en vain. On n'avait pas le temps!

Mars, la planète austère où règne la science,
Nous salue. Ils ont vu le trait bleu sur la France.

Un point brillant, rythmé, par un vouloir secret
Dans ce monde lointain, apparaît, disparaît.

Devine, géomètre, et réponds, astronome!
Qu'ils sachent que chez nous le Verbe s'est fait homme.

Leur génie en canaux si nombreux est inscrit!
Ils se sont dit : « Sur terre aussi règne l'esprit. »

Ils en ont vu le signe au puissant télescope,
Leurs éclairs sont l'appel à la terre, à l'Europe,

Et la France, où le mal ancien dut s'apaiser,
Reçoit le planétaire et fraternel baiser.

Aussi la France fut, sur terre, la première
Qui répondit par la lumière à la lumière.

*

J'ai chanté, ma Patrie, en des vers doux et lents,
La ceinture d'azur attachée à tes flancs.

*

Envole-toi, chanson, va dire au Roi de France
Mon rêve lumineux, ma suprême espérance.

Prose

LA SCIENCE DE L'AMOUR

Très jeune, j'eus une belle fortune et le goût de la science. Non de cette science en l'air qui, prétentieuse, croit pouvoir créer le monde de toutes pièces et voltige dans l'atmosphère bleue de l'imagination. J'ai pensé toujours, d'accord avec la cohorte serrée des savants modernes, que l'homme n'est qu'un sténographe des faits brutaux, qu'un secrétaire de la nature palpable; que la vérité conçue non dans quelques vaines universalités, mais dans un volume immense et confus, n'est abordable partiellement qu'aux gratteurs, rogneurs, fureteurs, commissionnaires et emmagasineurs de faits réels, constatables, indéniables; en un mot qu'il faut être fourmi, qu'il faut être ciron, rotifère, vibrion, qu'il faut n'être rien! pour apporter son atome dans l'infinité des atomes qui composent la majestueuse pyramide des vérités scientifiques. Observer, observer, surtout ne jamais penser, rêver, imaginer : voilà les splendeurs de la méthode actuelle.

C'est avec ces saines doctrines que je suis entré dans la vie; et, dès mes premiers pas, un projet merveilleux, une vraie aubaine scientifique m'est venue à l'esprit.

Quant j'apprenais la physique, je me suis dit :

On a étudié la pesanteur, la chaleur, l'électricité, le magnétisme, la lumière. L'équivalent mécanique de ces forces est ou sera sans conteste déterminé d'une façon rigoureuse. Mais tous ceux qui travaillent à l'expression de ces éléments du savoir futur n'ont dans le monde qu'un piètre rôle.

Il est d'autres forces que l'observation sagace et patiente doit soumettre à l'esprit du savant. Je ne ferai pas de classifications générales, parce que je les considère comme funestes à l'étude et que je n'y entends rien. Bref, j'ai été amené (comment et pourquoi, je ne sais pas) à entreprendre l'étude *scientifique* de l'amour.

Je n'ai pas un physique absolument désagréable, je ne suis ni trop grand ni trop petit, et personne n'a jamais affirmé que je fusse brun ou blond. J'ai seulement les yeux un peu petits, pas assez brillants, ce qui me donne un aspect d'hébétude utile dans les sociétés savantes, mais nuisible dans le monde.

De ce monde, d'ailleurs, malgré tant d'efforts méthodiques, je n'ai pas une connaissance bien nette, et c'est un vrai chef-d'œuvre de sang-froid que d'y avoir pu, sans attirer l'attention, poursuivre mon but austère.

Je m'étais dit : Je veux étudier l'amour, non comme les Don Juan, qui s'amusent sans écrire, non comme les littérateurs qui sentimentalisent nuageusement, mais comme les savants sérieux. Pour constater l'effet de la chaleur sur le zinc, on prend une barre de zinc, on la chauffe dans l'eau à une température rigoureusement déterminée au moyen du meilleur thermomètre possible; on mesure avec précision la longueur de la barre, sa ténacité, sa sonorité, sa capacité calorique, et on en fait autant à une autre température non moins rigoureusement déterminée.

C'est par des procédés aussi exacts que je me pro-
posai (projet remarquable à un âge si tendre — vingt-
cinq ans à peine) d'*étudier* l'amour. Difficile entreprise.

Généralement, je ne sais par quelle répugnance
gênante et même coupable les gens amoureux se
soustraient obstinément à tout examen scientifique;
et cela particulièrement dans les instants où l'examen
serait fructueux. Ceci acquis, mon plan fut bien vite
arrêté.

Pour étudier l'amour, me dis-je, il faut prendre le
meilleur poste d'observation. Le confident le plus
intime est congédié lors des minutes caractéristiques.
Il n'y a que les meubles, quelquefois un chien, un
chat, qui assistent à ces mystères qu'une inexplicable
fatalité a dérobés jusqu'ici à l'analyse. Je n'ai donc
qu'une ressource, c'est de jouer personnellement le
rôle d'amoureux.

N'ayant guère de charmes, vu que le peu qui m'en
avait été accordé par la nature s'était étiolé à l'ombre
des bibliothèques et aux odeurs des laboratoires, j'eus
recours à mon profond savoir pour me rendre digne
des rêves féminins.

Oh! les merveilleux cosmétiques, rouge puéril
insoluble, noir bleuâtre des yeux sans sommeil, huiles
pour rendre la peau diaphane, galvanisations pour
me donner du galbe aux jambes, que j'ai inventés,
à cette époque! Mais je n'étais pas assez naïf pour
compter seulement sur l'aspect de ma physionomie,
sur l'allure de ma personne. Il me fallait apprendre à
fond ces riens charmants qui séduisent les jeunes
filles, ces futilités ridicules qui nous soumettent le
beau sexe.

J'allai trouver Chopin et lui demandai :
« Vous avez beaucoup joué du piano dans le monde.

Quelle est la musique qui plaît le plus aux femmes? »

Il me répondit sans hésiter : « La Rêverie de Rosellen. »

— Quarante mille francs, si vous voulez m'enseigner à jouer parfaitement cette rêverie.

Chopin, ridiculement impratique, se récusa et me recommanda M. K***, un de ses élèves, comme plus fort que lui-même (ce qui était du reste vrai). M. K*** accepta les quarante mille francs, et, probe, m'apprit uniquement à jouer la Rêverie de Rosellen.

J'étais armé de ce côté.

J'allai trouver Musset et lui demandai : « Quelle est la poésie qui plaît le plus aux femmes? »

Musset posa l'index sur le sourcil et me dit : « L'Acrostiche. »

— Voici cinquante mille francs, apprenez-moi l'Acrostiche.

Musset, bohème indécrottable, ne comprit pas que j'étais sa providence et me renvoya à M. W*** (je ne veux pas révéler son nom), élève que je trouve bien plus fort que son maître.

W*** prit les cinquante mille francs et me fit une exquise collection d'acrostiches, sur tous les noms du martyrologe féminin. Chaque nom avait trois versions, blonde, brune et châtaine. Il y eut en outre promesse écrite de livraison pour les cas imprévus. Ainsi muni, j'entrai résolument dans le monde.

Après de nombreux insuccès (tant il est vrai qu'on n'apprend rien que par expérience), insuccès inutiles à raconter, je trouvai enfin mon affaire. Ce fut dans une famille habitant le Marais, dans un de ces vieux hôtels de président du Parlement.

Tout le premier étage servait de magasin de papier,

et par le grand escalier de pierre à rampe patiemment forgée on montait d'interminables marches jusqu'à l'étage supérieur, où habitait M. D*** et sa famille. L'aspect honnête, oublié, de cette maison me plut tout d'abord la première fois que j'y vins.

M. D*** avait cédé au mari de sa fille aînée le magasin de papier d'au-dessous. Autrefois, la plume à l'oreille et l'œil aux ballots, il y avait acquis une fortune assez ronde pour assurer une dot raisonnable à sa fille cadette, tout en se gardant de quoi irriter les *espérances* de ses gendres.

On recevait tous les samedis. De toutes petites réceptions, thé, petits gâteaux, etc. C'était pour marier la fille qu'on se livrait à ces joies simples, et qu'en outre, les autres soirs de la semaine, on promenait ladite fille dans toutes les maisons du même monde. J'avais parcouru un nombre immense de ces intérieurs, sautant consciencieusement au bruit des polkas et des quadrilles que les mamans complaisantes font suinter de leurs doigts mous. Comme on me rencontrait partout, je sus me faire inviter chez M. D***. J'avais déterminé, par une suite d'examens comparatifs, que la complexion de Mlle D*** était, plus que celle de toute autre jeune fille proposée, convenable à mes projets.

La position était excellente. On me recevait en vue d'un mariage possible ; on faisait donc attention à moi, on me mettait en relief, adroitement, de manière à ne pas rebuter le caractère peut-être fantasque de la jeune personne.

Mais j'avais mon plan arrêté. Comme il est de notoriété ancienne que le mariage n'a aucun rapport avec l'amour, il fallait manœuvrer pour éviter cette conclusion désastreuse qui m'avait déjà été offerte souvent et que j'avais fuie, non sans me compromettre un peu.

Je commençai donc par donner quelques conseils à la mère au sujet de son embonpoint exagéré, cela dans les limites de la politesse la plus exquise et même de la plus candide bienveillance, bien entendu.

Ces conseils lui firent prendre une voix aigre-douce et provoquèrent une profession de foi politique pour laquelle je pris quelques réserves. Je m'en tins là cependant, ne voulant pas hâter les choses, et je me mis à causer, l'air un peu triste et préoccupé, avec la demoiselle. Je m'arrêtais au milieu de phrases dont le diable, pas plus que moi, n'eût trouvé la suite :

« Il y a des cas où l'âme doit planer au-dessus des complexités... »

Ou bien :

« Le cœur est un esclave dont la chaîne... Le cœur est un esclave qui ne saurait obéir..., etc. »

Puis, après un soupir, j'allais m'asseoir au piano et l'irrésistible Rêverie de Rosellen me valait de délicieux regards de soumission par-dessus l'épaule de la jeune personne versant le thé.

Elle s'appelait Virginie et était châtaine. Ma collection d'acrostiches contenait ce cas particulier sous la forme qu'on va lire :

V ous ne connaissez pas tous nos rêves de fièvre
I ndomptable, où le feu qui brûle notre lèvre
R end la vie impossible en ces salons railleurs.
G râce pourtant à vos regards (j'en suis comme ivre,
I vre d'azur profond), je me reprends à vivre,
N aïf, aimant les bois. Si nous étions ailleurs,
I l faudrait oublier famille, honneur, patrie,
E t penser que je suis tout cela, ma chérie.

Ces vers, corrigés par mon ami le poète W*** d'après la situation, se prêtaient merveilleusement à mes projets de détournement. Dès que je les eus adroitement glissés dans la main moite de Virginie, la pauvrette fut désormais soumise à ma puissance.

Un soir, en prenant ma tasse de thé, je pressai ses petits doigts par-dessous la soucoupe. Émotion, ou peut-être intention de ma part, la tasse tomba, se cassa sur le coin du piano, et le thé, bouillant, sucré, avec son nuage de lait, inonda mon superbe pantalon gris perle.

« Maladroit que je suis! dis-je en pâlissant sous la brûlure, insignifiante du reste. Je vous ai perdu votre robe, mademoiselle.

— Tu n'en fais jamais d'autres, Virginie, dit la mère.

— Madame, je vous assure que c'est moi, en posant la tasse sur le bord du piano...

— D'ailleurs, la bonne peut offrir le thé et les sirops. »

La jeune fille disparut. Oh! si j'avais pu assister à la nuit qu'elle dut passer!

Bref, je pondérai si bien mes faits et gestes que la froideur des parents crût exactement comme l'amour de la fille. Subséquemment j'eus des mots à voix basse avec celle-ci : elle était malheureuse, ses parents me détestaient... il fallait les ménager, etc.

J'ai l'air de faire du roman, mais on se tromperait en me croyant une pareille légèreté d'esprit. Ce que j'ai dit, aussi brièvement que possible, était nécessaire. Maintenant la science proprement dite commence.

Nous échangeâmes nos portraits. Le mien était photographié sur émail, encadré d'or, avec une chaînette minuscule, pour être porté sous les vêtements.

Ce portrait contenait, cachés entre une plaque d'ivoire et l'émail, deux thermomètres à *maxima* et à *minima*, deux chefs-d'œuvre de précision sous des dimensions si petites.

Ainsi je pouvais vérifier les modifications à la température normale d'un organisme affecté d'amour.

Sous des prétextes souvent difficiles à inventer, je me faisais rendre pour quelques heures le portrait, je prenais note des nombres à leur date et j'amorçais de nouveau les thermomètres.

Un soir que j'avais dansé deux fois avec une petite dame brune, je me rappelle avoir constaté un abaissement de température de quatre dixièmes, suivi ou précédé (rien ne m'a fait connaître l'ordre des phénomènes) d'une élévation de sept dixièmes. Voilà des faits.

Quoi qu'il en soit, tout étant préparé, je pris les mesures suivantes. Je dis à M. D*** : « La propriété, c'est le vol » (ce n'est pas de moi, ce n'est pas neuf, mais ça porte toujours); à Mme D*** qui avait fait une fausse couche dont elle parlait trop souvent : « La femme, au point de vue économique et social, peut et doit être considérée comme une usine à fœtus »; et je fredonnai, sur l'air *Près d'un berceau*, quelques vers d'une chanson de W*** intitulée : *Près d'un bocal :*

> *... Je le voyais en blanc faux col*
> *Frais substitut aux dignes poses...*
> *S'il n'était pas dans l'alcool,*
> *Comme il eût fait de grandes choses !*

Puis j'insinuai dans la main de Virginie ce billet :

« Je vous expliquerai tout, après. Brouille absolue entre vos parents et moi. L'idéal, le rêve, le prisme de l'impossible, voilà ce qui nous attend. Pour vivre il faut aimer... Il y a une berline en bas : viens, ou je me tue et tu es damnée. »

C'est ainsi que je l'enlevai.

Les facilités que j'avais trouvées dans cette entreprise me stupéfiaient, lorsqu'en chemin de fer je regardais cette jeune fille, élevée tranquillement, destinée peut-être à quelque employé médiocre, et qui me suivait à la faveur d'une série de formules sentimentales, que je n'avais pas inventées, du reste, et que vraiment j'expliquerais insuffisamment.

Nous allions quelque part, on le suppose.

J'avais en effet depuis longtemps préparé, avec ma sagacité personnelle, une délicieuse et méthodique installation dont le but apparaîtra ci-dessous.

Il y avait trois heures de chemin de fer, beaucoup de temps pour l'effarement, les sanglots, les palpitations. Heureusement que nous n'étions pas seuls dans le compartiment.

J'avais préalablement étudié, autant qu'il se peut, la situation dans les romans :

« Tu... Vous me sacrifiez tout... Comment reconnaître... » Puis après un silence : « Je t'aime, je vous aime... Oh! les voyages avec la bien-aimée! L'horizon rougit le soir, ou le matin s'emperle à l'aurore, et l'on est tous deux face à face, après la distraction ou le sommeil, dans des pays à parfums nouveaux. »

Je m'étais fait faire la phrase par mon ami le poète W***.

Nous arrivons, elle comme un oiseau mouillé, moi ravi du succès initial de mes recherches. Car, sans me laisser entraîner à la vanité romanesque de cet *enlèvement*, j'avais durant tout le voyage, en rassurant la pauvre jeune fille effarouchée, adroitement appliqué entre sa dixième et sa onzième côte un cardiographe à fonctionnement prolongé, si exact que M. le Docteur Maret *, à qui j'en dois la description idéale, se l'était refusé par économie.

* Lorsque Cros publia ce texte dans *La Revue du Monde Nouveau*, il orthographia ce nom Maret. C'est son fils — sans doute — qui rétablit la graphie exacte : il s'agit en effet du célèbre physiologiste Étienne Jules Marey. *(Note de H.J.)*.

Puis, une voiture nous prit à la gare. Terreur, embarras, ivresse inquiète de la demoiselle. Faiblement repoussés, mes embrassements permettaient au cardiographe d'enregistrer les expressions viscérales de la situation.

Et dans le délicieux boudoir où, mettant ses mains sur ses yeux, elle se reprochait sa rupture définitive avec les exigences de la morale et de l'opinion, je pus heureusement procéder à la détermination exacte (le moment était d'absolue importance) du poids de son corps. Voici comment :

Elle s'était laissée aller sur un sofa, perdue en ses pensées. M'arrêtant, ému, ravi de la contempler, je pressai du talon un bouton de sonnerie électrique ménagé sous le tapis, et, à côté, dans un cabinet secret, au bout du levier de bascule dont le sofa occupait l'autre bout, Jean (domestique dévoué et prévenu) put constater le poids de la demoiselle habillée.

Je me jetai à côté d'elle et je lui prodiguai toutes les consolations possibles, caresses, baisers, massage, hypnotisme, etc., consolations pourtant non définitives, vu mon plan de recherches.

Je passe sur les transitions qui m'amenèrent à faire tomber ses derniers vêtements, toujours sur le sofa, et à l'emporter dans l'alcôve où elle oublia famille, opinion, société.

Pendant ce temps-là, Jean pesait les habits laissés, bas et bottines compris, sur ledit sofa, de manière à obtenir par soustraction le poids net du corps de la femme.

D'ailleurs, dans la chambre où, ivre d'amour, elle s'abandonnait à mes transports fictifs (car je n'avais pas à perdre mon temps), nous étions comme dans une cornue. Les murs doublés de cuivre empêchaient tout rapport avec l'atmosphère; et l'air, à son entrée d'abord, à sa sortie ensuite, était analysé d'une manière rigoureuse. Les solutions de potasse des appareils à boule révélaient, heure par heure, à d'habiles chimistes la présence quantitative de l'acide carbonique. Je me souviens de nombres curieux à ce sujet, mais ils manquent de la précision justement exigée dans les tables, puisque ma respiration à moi, non amoureux, était mêlée à la respiration de Virginie, vraie amoureuse. Qu'il me suffise de mentionner en gros l'excès d'acide carbonique lors des nuits tumultueuses où la passion atteignait ses *maxima* d'intensité et d'expression numérique.

Des bandes de papier de tournesol habilement distribuées dans les doublures de ses vêtements m'ont révélé la réaction constamment très acide de la sueur. Puis les jours suivants, puis les nuits suivantes, que de nombres à enregistrer sur l'équivalent mécanique des contractions nerveuses, sur la quantité de larmes sécrétées, sur la composition de la salive, sur l'hygroscopie variable des cheveux, sur la tension des sanglots inquiets et des soupirs de volupté!

Les résultats du *compteur pour baisers* sont particulièrement curieux. L'instrument, qui est de mon invention, n'est pas plus gros que ces appareils que les bateleurs se mettent dans la bouche pour faire parler Polichinelle, et qu'on désigne sous le nom de *pratique*. Dès que le dialogue devenait tendre et que la situation s'annonçait comme opportune, je mettais, en cachette, bien entendu, l'appareil monté entre mes dents.

J'avais eu jusque-là assez de dédain pour ces expressions de « mille baisers » qu'on met à la fin des billets amoureux. Ce sont, me disais-je, des hyperboles passées dans la langue vulgaire, d'après certains poètes de mauvais goût, comme Jean Second, par exemple. Eh bien, je suis heureux d'apporter une vérification expérimentale à ces formules instinctives que bien des savants avaient, avant moi, considérées comme absolument chimériques. Dans l'espace d'une heure et demie à peu près, mon compteur avait enregistré *neuf cent quarante-quatre baisers.*

L'instrument placé dans ma bouche me gênait; j'étais préoccupé de mes recherches, et d'ailleurs les activités feintes n'égalent jamais les réelles. Si l'on tient compte de tout cela, on verra que ce nombre de neuf cent quarante-quatre peut être souvent dépassé par les gens violemment amoureux.

Cette exquise période de bonheur pour elle et de fructueuses études pour moi dura quatre-vingt-sept jours. J'avais établi la série de faits décisifs sur lesquels la *science de l'amour* doit nécessairement se fonder, sauf la neuvième et dernière partie dans ma subdivision. Cette neuvième partie a pour titre : *Les effets de l'absence et du regret.*

L'étude devenait délicate; heureusement que je pouvais compter sur Jean (domestique dévoué) et sur mes fidèles préparateurs, physiciens, chimistes, naturalistes.

« Virginie, dis-je donc un matin, rêve bleu de ma vie, étoile de mon avenir blafard, j'ai oublié dans tes bras quelques billets à ordre qu'on a protestés. Je dois donc momentanément me soustraire aux lueurs de tes yeux, au magnétisme de tes baisers, à l'éblouissement de tes étreintes, et aller laver cette tache de ma vie commerciale. »

La scène qu'elle me fit compléta ce que j'avais déterminé dans quelques scènes précédentes relativement au *Mécanisme du dépit.*

Et je partis, inflexible, non sans laisser des instructions précises à tous mes préparateurs pour qu'ils prissent les dernières notes nécessaires à mon mémoire, dont l'effet académique s'annonçait désormais comme devant être foudroyant.

A dire vrai pourtant, j'étais fatigué de ces recherches si patientes. Quand un chimiste étudie avec la plus grande ferveur un genre de réactions, une théorie générale, il peut du moins, aux heures de repas ainsi que pendant la nuit, quitter son laboratoire et abandonner son esprit aux faits ordinaires de la vie. Le problème que je poursuivais ne m'avait pas donné de ces congés. Il fallait être toujours prêt aux expériences; il fallait, fuyant toute distraction, se tenir constamment à l'affût des phénomènes innombrables et compliqués qui surgissent dans ce qu'on appelle une intrigue amoureuse.

Aussi je profitai de ce répit au travail ardu. Sûr de mes subordonnés, j'oubliai un instant, dans les bals de barrières, dans les maisons de plaisir recommandées, cette tension intellectuelle ininterrompue que j'avais religieusement subie pour la plus grande gloire de la science.

En revenant, dans le wagon, je me félicitais intérieurement de mon œuvre colossale accomplie. Je me disais, justement, que mon mémoire serait un colossal coup de tam-tam dans le monde savant, quelque chose comme les *Principes* de Newton ou toute autre révélation analogue.

Une si louable opiniâtreté, pensais-je, en me reposant sur les coussins de la voiture qui de la gare me conduisait à la villa, et le désintéressement de frais si considérables va enfin trouver sa récompense!

« Madame est sortie depuis trois jours, me dit-on, quand je fus chez moi.

— Sortie depuis trois jours! Ce n'est pas possible...

— Elle a laissé une lettre pour monsieur. »

Voici la lettre :

Vous seriez un misérable, monsieur, si vous n'étiez pas si bête.

Oh! comme je m'ennuyais chez mes parents depuis mes études au Conservatoire! Vous n'avez pas compris que j'ai été bien heureuse de vous trouver pour sortir de la baraque paternelle. Merci tout de même, cher ami.

Jules W***, votre ami, m'avait expliqué vos projets.

Il faut que vous soyez bien jeune, sans en avoir l'air, pour croire que c'est là ce qu'on apprend avec les femmes.

A propos, j'ai trouvé tous vos instruments, tous vos registres. J'étais nerveuse (pourtant vous m'êtes bien indifférent!) et j'ai tout cassé, tout brûlé.

J'ai même découvert le mystère du scapulaire que vous m'aviez laissé. Vos thermomètres, vos hygromètres (c'est le mot, je crois), autant de mouchards, sont en miettes.

Et puis, quels renseignements auriez-vous eus d'après moi sur l'amour? Vous m'avez toujours ennuyée au possible... Votre ami Jules m'avait amusée et peut-être émue, avec ses audaces bohémiennes. Vous, jamais...

Il faisait trop triste dans vos boudoirs à trucs.

Adieu, mon petit savant. Je vais me dégourdir sur les planches, à l'étranger. Un grand seigneur russe, moins sérieux et plus sensible que vous, m'emporte dans sa malle.

VIRGINIE.

Tous mes espoirs de gloire anéantis, six cent mille francs (les trois quarts de ma fortune) dépensés en pure perte, la science retardée, en cette question, de plusieurs siècles : tel est le tableau qui me passa devant l'esprit à la lecture de cette lettre. N'en voulant rien croire, je parcourus la villa de la cave au grenier.

Désastre effroyable! tout, en effet, était brisé, pilé sous les talons de ses bottines; les documents brûlés voltigeaient çà et là comme un essaim de papillons noirs.

Et, dernière raillerie de la fatalité, je sentis en marchant dans ces chambres vides, parmi les ruines de mon avenir, je sentis le regret de la fuite de Virginie! Oui, je regrettais cette femme plus que mes meilleurs travaux perdus! Et j'allai m'évanouir, ô honte, en m'enfouissant dans l'oreiller pour y retrouver l'odeur des cheveux que je ne devais plus toucher.

Pour comble, perdant l'occasion d'enregistrer les éléments analytiques d'un si profond déchirement, d'un ensemble si particulier de sensations violentes, je ne pensai pas à m'appliquer le cardiographe!

LE JOURNAL DE L'AVENIR

Je suis arrivé aux bureaux du *Chat Noir* et j'ai
été si écrasé par le luxe asiatique des salons, que,
roulant mon chapeau entre mes doigts, je me suis
tenu deux heures dans un couloir sillonné par mille
employés affairés, vêtus des uniformes les plus poly-
morphes et polychromes.

On m'a poussé dans une salle d'attente. Les drape-
ries, les divans, les parfums qui brûlaient dans les
coins, redoublaient ma timidité.

Pourtant, vaincu par la fatigue et l'émotion, n'osant
me laisser choir dans les moelleuses ottomanes qui
encombrent les salons de la Rédaction, j'avisai un
petit tabouret canné *à trois* pieds et je m'y assis, m'en
jugeant à peine digne.

Immédiatement un vertige inconnu m'a saisi :
M. Grévy m'est apparu sous les traits de Jupiter,
coureur de nymphes; Salis tenait la lyre en Apollon
et, souriant d'un air mystérieux, m'a chanté :

> *Sur ce trépied, le moins habile*
> *Acquiert le flair d'une sibylle.*

138

En effet, les murs semblaient s'éloigner, les plafonds devenaient des dômes de verdure tropicale, les mouches attardées de l'hiver se multipliaient sous forme de colibris gazouilleurs.

L'almanach-bloc (dont on décolle une feuille par jour) s'illuminait d'un éclat électrique et la date s'y lisait, fatale : 1er mars 1986.

— Pourquoi ce 9 à la place du 8?

— C'est bien simple, susurra Rodolphe, nous sommes plus vieux de cent ans.

— Mais alors, nous allons mourir?

— Ne fais pas le malin. Tu sais bien que depuis l'invention du célèbre Américain Tadblagson, nos cervelles ont été exécutées en platine par la galvanoplastie; que, quand elles seront usées, on nous en reposera un autre exemplaire pareil, puisque les moules en sont conservés et catalogués à l'Hôtel de Ville.

— Et où sommes-nous?

— Aux bureaux du *Chat Noir*.

En effet, autour d'une immense table d'émeraude, sont assis les rédacteurs. Ils ne sont pas beaux, les rédacteurs; ils ont des figures de déménageurs; ils sont tous vêtus de toile grise, avec un numéro d'ordre au collet. Tous ont une sorte de chapeau en forme de citrouille qui s'applique sur leur front par une série de touches, comme dans l'appareil à prendre mesure chez les chapeliers.

Cinq heures sonnent.

Les dix rédacteurs du bout se collent un téléphone à l'oreille gauche et écrivent de leur main droite sur du papier en bandes continues, qu'une machine déroule devant eux. A mesure que la surface se couvre d'écriture, elle est entraînée, à travers une rainure, dans le sous-sol où est l'imprimerie.

Alphonse Allais, en obligeant cicérone, m'expliquait les choses :

— Ce sont les rédacteurs de l'*actualité*, les téléphones leur révèlent ce qui se passe partout, et ils l'écrivent avec le talent qu'ils puisent dans ces singuliers chapeaux.

« J'allais oublier de vous dire que ces chapeaux contiennent des cervelles métalliques des meilleurs modèles, avec pile et accessoires. Les pointes qui touchent le front servent à envoyer les courants électriques, qui produisent le talent dans la tête la plus obtuse.

« Cette invention, due au célèbre Tadblagson, a transformé l'ordre social en rendant le talent proportionnel à la fortune. C'est ainsi que le plus grand génie de notre époque est le banquier Philipfill, qui a pu se donner le luxe de collectionner les cervelles les plus chères. Entre autres, on raconte qu'il a payé un million et demi la cervelle de Sarah Bernhardt, garantie conforme.

« Il résulte de là qu'on en a fini avec les revendications socialistes du siècle dernier. Maintenant l'axiome est : Pas d'argent, pas de talent. Il y a de très rares exceptions de gens sans le sou qui naissent avec de l'esprit; mais nos tribunaux en font prompte justice en les expropriant de leur cerveau, dont tout modèle revient à l'État.

« Le *Chat Noir* de 1986, qui veut à tout prix intéresser ses lecteurs, a fait les plus grands sacrifices pour enrichir sa collection cérébrale. Ainsi les dix rédacteurs de fond, dont deux écrivent en vers, ont une valeur de plus de cinq millions sur la tête. Celui-là, à gauche, a un cerveau Victor Hugo; voyez-le du reste. Cinq heures dix... il a écrit déjà deux cents vers, vingt par minute. »

Je me penche avidement pour lire quelques vers;
le papier courait si vite que je n'ai pu lire que ceci :

. . . .

La roue en grès rugueux entraîne l'eau de l'auge,
Et la lame d'acier chuinte, siffle et se tord.
Il faut que l'acier cède au silex qui le mord,
Il faut que l'éclair brille en ce contact suprême
Comme l'éclair des yeux de l'amante à qui l'aime.

. . . .

« Oh! ceci sera probablement coupé à la correction.
La cervelle du porteur influe, et quelquefois un peu
trop, sur le travail. Celui-ci est émouleur et il a mis
des choses de son métier.

« Nous prenons, comme vous voyez, nos rédacteurs
dans les classes les plus modestes; ils sont plus régu-
liers, moins chers, et mettent moins de leur propre
fond dans le travail.

« Nous groupons parfois, pour avoir des effets
inattendus, deux ou trois cerveaux différents. Voyez,
par exemple, ce rédacteur qui ploie sous ses deux
chapeaux superposés. Il porte, outre son cerveau à
lui (qui n'a que peu d'effet), celui de Th. de Banville,
le poète, combiné avec celui d'un avocat connu de
quelques érudits.

« Je vais, avec mes ciseaux, couper ce qu'il vient
d'écrire; — il ne s'en apercevra pas, — et vous jugerez
de l'effet. »

Voici ce qu'il y avait sur la bande coupée :

. . . .

Je l'eus par un beau soir (toutes choses égales
            D'ailleurs).

Or, ses parents étaient de vulgaires et pâles
  Tailleurs.

J'avais le cœur, bien qu'elle eût horreur de l'étude,
  Féru...
Mais nul, alléguant, dit Cujas, sa turpitude,
  N'est cru.

Qui lui fit ce regard, sous ces éclairs de poudre,
  Profond?
Poser la question, mon cœur, c'est la résoudre
  Au fond.

Je lui dis : — Tu n'auras de moi pas une pierre,
  Pas un
Diamant, ni louis, ni franc, ni bock de bière,
  Corps brun!

Payer? Jamais! Si son corps amoureux qui vibre
  Changeait?...
J'aime mieux sagement garder ton équilibre,
  Budget!

....

« Ce soir, ça n'a pas de sens; mais quelquefois ça
étonne le lecteur.

« Cinq heures et quart... Stop! La copie est finie.
Tous les rédacteurs posent plumes et téléphones. Tous
remettent leurs chapeaux dans des cases numérotées
et s'en vont, idiots comme avant de s'être coiffés,
toucher chacun 3 fr. 50 à la caisse.

« La rédaction n'est rien, comme frais, compara-
tivement aux dépenses de personnel administratif
et de matériel.

« Le matériel? ça ne m'étonne pas qu'il soit cher.
Figurez-vous des serres immenses, remplies de pal-

miers, d'orchidées, sillonnées d'oiseaux-mouches et de colibris! — ces colibris sont même gênants.

« L'Américain Humbugson vient heureusement d'inventer une poudre colibricide.

« Et les murs qu'on voit si loin, là-bas, et ces rochers abrupts, sont en béton aggloméré lumineux pendant la nuit.

« Je ne vous parle pas du sous-sol pour l'imprimerie, où l'on n'imprime pas; car ce sont des personnes d'une voix exquise qui dictent la copie à des phonographes dont les traces reproduites à des millions d'exemplaires vont porter le journal *parlé* aux abonnés.

« Personne ne sait plus lire ni écrire — c'est le progrès! — à cause dudit phonographe. On ne trouve que quelques gens arriérés dans ce sens parmi la lie du peuple; — ce sont ces gens qu'on emploie à la rédaction... »

Crac! mon tabouret canné à *trois* pieds s'est cassé sous mes contorsions.

Et je retombe dans notre triste époque, dans les bureaux d'un journal en 1886.

Quelle piètre installation que la tienne, mon pauvre CHAT NOIR!

LE CAILLOU MORT D'AMOUR

Histoire tombée de la lune

Le 24 tchoum-tchoum (comput de Wéga, 7e série), un épouvantable tremblement de lune désola la Mer-de-la-Tranquillité. Des fissures horribles ou charmantes se produisirent sur ce sol vierge[1] mais infécond.

Un silex (rien d'abord de l'époque de la pierre éclatée, et à plus forte raison de la pierre polie) se hasarda à rouler d'un pic perdu et, fier de sa rondeur, alla se loger à quelque *phthwfg*[2] de la fissure A. B. 33, nommée vulgairement Moule-à-Singe.

L'aspect rosé de ce paysage, tout nouveau pour lui, silex à peine débarqué de son pic, la mousse noire du manganèse qui surplombait le frais abîme, affola le caillou téméraire, qui s'arrêta dur, droit, bête.

La fissure éclata du rire silencieux, mais silencieux, particulier aux Êtres de la Planète sans atmosphère. Sa physionomie, en ce rire, loin de perdre de sa grâce, y gagne un je-ne-sais-quoi d'exquise modernité.

---

1. *Nous ne pouvons pas tenir compte des infâmes calomnies qui ont circulé sur ce sol.*

2. *Le* phthwfg *équivaut à une longueur de 37.000 mètres d'iridium à* 7° *au-dessous de zéro.*

Agrandie, mais plus coquette, elle semblait dire au caillou : « Viens-y donc, si tu l'oses!... »

Celui-ci (de son vrai nom *Skkjro* [1]) jugea bon de faire précéder son amoureux assaut par une aubade chantée dans le vide embaumé d'oxyde magnétique.

Il employa les coefficients imaginaires d'une équation du quatrième degré [2]. On sait que dans l'espace éthéré on obtient sur ce mode des fugues sans pareilles. (Platon, liv. XV, § 13).

La fissure (son nom sélénieux veut dire « *Augustine* ») parut d'abord sensible à cet hommage. Elle faiblissait même, accueillante.

Le Caillou, enhardi, allait abuser de la situation, rouler encore, pénétrer peut-être...

Ici le drame commence, drame bref, brutal, vrai.

Un second tremblement de lune, jaloux de cette idylle, secoua le sol sec.

La fissure (Augustine) effarée se referma pour jamais, et le caillou (Alfred) éclata de rage.

C'est de là que date l'âge de la *Pierre Éclatée*.

---

1. *Ce prénom, banal dans la Planète, se traduit exactement* « Alfred ».

2. *Le texte lunaire original porte* « du palier du quatrième étage ». *Erreur évidente du copiste.*

DIAMANT ENFUMÉ

Folle d'abord. Et j'ai employé toute ma puissance à la rendre à la vie réelle. Je ne voulais pas l'aimer, je ne l'aimais pas; mais je me suis ensuite attaché à elle comme à une œuvre personnelle.

Sa folie était tourbillonnante, loquace, inquiète. Il m'a fallu dépenser une activité, une force immense à suivre et à dompter cette folie. Vitesse exagérée, effrayante, du mouvement de la pensée; et puis, un bagage d'impressions fictives de vie parisienne, de journalisme, de cancans de coulisses. Avec cela un sentiment inhérent à l'être, — toutes les femmes l'ont plus ou moins, — le désir prépondérant de paraître, sans presque de souci d'être en réalité. Être connue, en bien ou en mal, qu'importe! La réclame, la réclame. Là est même l'origine de tout le mal qu'elle m'a fait.

Donc, séduit par les pittoresques mais malsaines profondeurs de son âme désordonnée, j'ai conquis sa foi et celle de son entourage. Je me suis chargé d'elle. Je l'ai sauvée de mesures extrêmes, de la séquestration qui l'aurait tuée, en promettant, contre l'avis des autorités, qu'elle guérirait. C'est arrivé. Mais ma tenue énergique, ma froideur voulue, obligée, avaient irrité son amour-propre de femme. Et elle s'est servie des forces qui lui étaient revenues pour me soumettre, pour se faire aimer.

Plusieurs fois, j'étais assis à côté d'elle, et, comme cédant à la fatigue, elle appuyait sa tête contre mon épaule. Je ne voulais pas. Mais je me sentais prendre; je la sentais s'obstiner; je savais où nous menait l'inexorable amour.

Une fois, en voiture, après je ne sais quelles paroles prononcées par moi — y avait-il quelque aveu involontaire dans ces paroles? — elle me dit : « Alors, vous m'aimez? » Et violemment, poussée par un irrésistible ouragan intérieur, je lui répondis en collant mes lèvres sur les siennes.

C'est le type qui ne m'attire pas d'abord, mais que la fatalité rapproche de moi et dont je souffre.

Ensuite, domination, tyrannie. Elle me commandait de rêver à ceci ou cela, de faire tels vers. D'où ma stérilisation. J'échappais en cédant tout ce qui n'importe pas — et la femme ne voit que cela.

Et puis, m'obsédant de citations à propos de chaque parole, de chaque caresse. Je l'aimais, pourtant; car j'avais réussi à réveiller chez elle un ravissant fond de nature, masqué par tout ce plâtrage de fiction. J'y avais réussi en me faisant naïf et primitif, — il paraît que je le suis réellement, — en m'obstinant à ne voir en elle que la vierge éternelle, la fleur intacte.

J'ai mal fait, peut-être; j'en savais assez pour ne pas croire à cette pureté. Mais je n'ai pas de regrets. Mon rêve l'avait transformée et embellie en fait. Ma naïveté la charmait, et ne voulant pas la troubler, elle se mettait à l'unisson.

Puis, parfois elle croyait, plus naïve que moi encore, me déguster en connaisseuse. Je feignais de ne pas le voir.

Elle se plaignit d'abord du peu d'influence qu'elle avait sur moi, me reprochant les amours antérieures et les rêves possibles. Je lui faisais tout faire, affirmait-elle, sans jamais dire « je veux ». Elle sentait quelque chose d'immodifié en moi, sous l'obéissance extérieure absolue, exagérée. Cela a grandi et elle est devenue mon ennemie intellectuelle. Mais l'âme et le corps — sinon l'esprit — étaient à moi. Pénible période, cependant. Je rêvais par instant l'éloignement et la liberté.

Mais nos âmes étaient et seront toujours d'accord ; ma lassitude était toute physique. J'ai pensé qu'elle en sentait peut-être autant, et j'ai exigé qu'elle fît son voyage d'été habituel. J'étais tenu à Paris ; le sachant, elle consentit à partir sans moi.

Alors ont eu lieu un ou deux faits de fatalité qu'on ne met pas dans les romans, mais qui sont de toutes les histoires réelles.

Je ne me justifie pas ; j'ai eu tort, puisque notre histoire était un roman naïf et pur. Mais l'irritation antérieure, la fatigue qu'elle et son entourage m'avaient donnée ! Elle aurait dû ne pas me demander ce serment que j'ai refusé de donner par horreur du faux et par espoir d'expier en froideurs momentanées et en persécutions — dures souffrances pour moi ! — ce qu'il y avait eu de fautes de ma part.

Elle l'a fait, cherchant des raisons de m'éloigner nonobstant une réconciliation ultérieure, pour mal faire plus librement. Car j'ai trouvé qu'à son ressentiment s'ajoutait un intérêt de *paraître*. S'alléguant le talion, elle a vendu ses sourires, pour la gloriole mensongère de signer l'œuvre d'autrui. Et elle tenait encore à moi puisqu'elle ne m'avait pas dit : « C'est fini. »

Eût-elle aimé l'acheteur, j'aurais subi le sort changeant, j'aurais courbé la tête en lui disant adieu. Mais, elle m'aimait; elle m'aime encore à présent, comme moi je l'aime; elle m'aimait encore puisqu'elle se cachait de moi pour se vendre. La folie était horrible; je me suis enfui en la maudissant.

Puis, j'ai voulu écraser le salisseur de rêve, espérant me briser moi-même à la vengeance. Sa vanité, à elle, eût été satisfaite d'un semblant de drame, même d'un drame vrai. Aussi de feintes préférences pour accroître ma colère. J'ai agi, mais je voyais tout. Je voyais qu'elle m'aimait toujours, et je n'étais que plus désolé, plus épouvanté de sa folie. J'ai agi, parce qu'il méritait tout. Il s'est dérobé, il s'est effondré sans la résistance que demandait ma rage.

Oh! l'horreur de mon âme en ce temps! Voici un projet de lettre pour elle (je ne lui ai jamais écrit) :

« Vous avez préféré une gloire de mensonge (et quelle gloire!) à la pureté, à la justice, à l'amour. Vous êtes maudite, vous êtes damnée. Restez le cœur vide. Pour moi, je ne reviendrai plus. Votre acte est si trivial, si laid, qu'il m'a ôté même ces défaillances de raison, ces vagues désirs qu'on a toujours de revenir vers l'aimée d'hier. Je reverrais en vous celle qui n'a jamais été ce que j'avais cru.

« Préférer la joie inepte d'arriver à passer pour ce que vous n'êtes pas aux ivresses sacrées de l'amour, c'est de la démence vulgaire, c'est de l'immoralité de carrefour.

« Je ne vous regrette pas; car vous n'avez jamais été une vraie amoureuse. Je m'étais trompé. Je ne vous hais pas, je vous plains. »

Ainsi mon épouvantable douleur devenait de la rage et des injures. Pourtant, elle m'aurait rappelé, tendu les bras... à certaines heures grises, oui, j'aurais obéi, comme un fou, comme un homme ivre; mais à d'autres moments, non! non! Elle avait trop mal fait.

Puis des mois, des mois, Tout était noir; toute espérance fermée, toute expansion étouffée en ma poitrine. Me réveillant pour imaginer de vils retours, j'étais aussi lâche en moi-même que fier au dehors. Désir immense de la revoir, immobilisé dans un orgueil de granit.

Un soir, j'étais double. Aller en avant ou en arrière, chez elle ou à l'opposé. Deux volontés effrayantes et *égales*. Longtemps je suis resté immobile, tiraillé par ces deux monstres. Souffrance horrible qui a laissé des traces dans l'état physique de mon cœur. Enfin il m'est venu un but intermédiaire, où j'ai couru. La nuit s'est passée en actes de démence qui ont bien charmé deux femmes quelconques.

Et plus longtemps après, j'ai écrit ceci que j'ai gardé en un carnet et que je retrouve (j'écrivais pour me soigner).

Mon moi le plus lucide était ailleurs, pendant ce dénouement. J'ai été conduit par un vague instinct d'imiter ce qu'on fait ordinairement, et non par ma pensée la plus juste. Je n'ai voulu tromper personne, puisque j'ai cru agir suivant ma loi vraie. Cette sorte de défaillance est venue de faits extérieurs, bien prévus, mais contre lesquels mon cœur s'est révolté.

Non, les actes d'un être ne changent pas mon sentiment sur lui. Je le vois et l'admets tel qu'il est, et ses actes sont conséquences de ce qu'il est.

Elle a été perfide, menteuse et méchante; elle a puérilement compromis la bonne entente de nos âmes pour des intérêts temporels et bas. Je l'ai aimée pour ce qu'elle a de mieux, en sachant tout cela possible, puisque je savais qu'elle avait déjà profané l'amour en le simulant, pour tirer profit (elle le croyait) du rayonnement de ceux dont elle se rapprochait.

Voilà qui est mal, diraient ceux qui jugent les actes, isolés des êtres.

Elle a simulé l'amour, mais c'est à elle-même qu'elle a d'abord fait illusion; d'où plus de folie, mais moins de laideur. Je savais cela, et je l'ai aimée quand même. Elle a recommencé à mes dépens; elle m'a effarouché; je me suis enfui, mais je l'aime toujours. Car, c'est elle tout entière, avec ses ombres et ses clartés, que j'aime.

Ma fuite n'a donc qu'une signification : elle m'avait donné tout ce qu'elle pouvait d'amour fidèle et vrai, puis j'ai vu que c'était fini. Il y avait là rien que je ne me fusse prédit. Mais le bonheur brisé m'a fait perdre le sens du vrai, puisqu'il y a eu du reproche et de la colère dans ma fuite. Heureusement qu'il n'y a eu que cela; j'aurais peur de me retrouver en des jours pareils.

Pourquoi est-ce que je l'aime tant? Ce n'est pas une brillante maîtresse, puisque les nuits folles, les voluptueux abandons lui font peur, puisqu'elle n'est pas complètement femme. Est-ce l'état de vierge éternelle, de statue attirante que les souillures des satyriaques ne pénètrent pas?

Elle disait, pourtant, détester mes rêves, mes œuvres, mes amis. A moi, tout ce qu'elle poursuivait paraissait puéril, vide ou malsain. Son type n'est pas de ceux dont je subis le charme immédiat. On m'a dit qu'elle n'était pas belle. Son visage est défraîchi par les soucis mondains, les fatigues de solliciteuse, les cosmétiques malhabilement employés; ses lèvres sont fanées et gercées par les fièvres folles. Et la plupart des choses qu'elle fait et dit, m'ont toujours irrité à n'y pas tenir, puisque ce sont autant de représentations, de redites, de ce qu'elle a lu dans les volumes loués, vu au théâtre ou chez les gens connus où sa vanité la fait courir sans choix.

151

Donc, peu de voluptés entre nous; souvent des querelles. Mais, à de délicieux instants, nous nous regardions dans les yeux, contemplant nos âmes.

Au commencement, elle a eu tort de me faire quitter ma maîtresse; à la fin, j'ai eu tort en me montrant jaloux de sa chair. Mais l'indépendance en cela n'est qu'un rêve.

Maintenant la situation est triste, très triste. Sans compter les souffrances effroyables que j'ai subies depuis le dernier jour jusqu'à un temps qui n'est pas loin, chaque fois que nous nous voyons nous sommes dans un douloureux mensonge. Elle vit avec les indifférents, parle gaiement de toutes choses à celui-ci, à celui-là. Moi, je fais de même, je tâche de secouer ma stupeur en prenant, pour objectif d'agitation et de gaieté, telle femme que je ne devrais même pas voir devant elle.

Mais comme nous avons été l'un à l'autre, c'est très rarement et d'une manière gênée que nous nous parlons. Notre voix prend de fausses âcretés, car le ton naturel en laisserait sentir le tremblement. Tout cela est bien pénible et je n'en vois pas la fin.

J'aime son âme et je suis sûr qu'elle aime la mienne. J'ai rêvé des transactions folles à lui proposer. Je voudrais qu'elle fût ma sœur; car, je n'aurais d'autres désirs que de la voir souvent, de regarder dans le fond de ses yeux, sans qu'il pût y avoir aucune raison de trouble entre nous.

J'ai pensé : Pourquoi nos attitudes menteuses? Nous nous sommes trouvés seuls et nous n'avons plus parlé le langage de la veille. Quand je la reverrai, je lui dirai : « Avez-vous de la mémoire? » Elle me répondra que oui, et je reprendrai : « Alors — pour commencer, moi, je pourrais craindre les refus froids et hautains — jette donc tes bras autour de mon cou et colle tes lèvres aux miennes. Faire autre chose serait faux. Nous avons été plus que frère et sœur. Et on ne cesse jamais d'être frère et sœur. »

C'était là un projet que je n'ai pas accompli.

Je l'ai revue, pourtant, et souvent. Elle a lu de mes vers qui parlaient d'elle : je lui ai lu moi-même de ces vers où je la fustigeais, d'autres où je me souvenais mélancoliquement, d'autres où je disais ma rancœur lasse. Je n'étais franc que dans mes vers, et après les avoir lus, je devenais, malgré moi, faussement folâtre et distrait ou bien triste pour des motifs extérieurs.

Un soir, elle me fit signe des yeux (comme autrefois!) de venir m'asseoir là. C'était la première fois, depuis deux ans, que quelque chose du passé était réellement répété entre nous. J'obéis, et lui demandai : « Est-ce un pari? » Elle me dit, avec reproche, que non; puis me parla de mes vers. Ensuite notre causerie, presque à haute voix devant des bavards qui soupaient, tomba sur le passé, sur la catastrophe finale. Accusant la destinée et un peu moi, elle voulut se justifier. « Pourquoi vous défendre? Puisque je reviens ici, je n'ai pas de mépris que vous ayez à effacer. » Elle continuait; mais moi : « Non, vous avez mal fait. Si je méritais cela, il fallait me notifier l'arrêt, avant de l'exécuter. » Elle continuait encore et moi, toujours : « Je ne vous reproche rien; je vous ai aimée avec votre perversité; je ne voudrais pas vous changer; mais vous avez mal fait. »

Depuis, elle n'a plus ni paroles, ni regards méchants contre moi. Je crois que nous rêvons tous deux de recommencer autrefois, mais sans assez de décision pour que cela ait jamais lieu.

LA CHANSON
DE LA PLUS BELLE FEMME

Je suis la plus belle des femmes qui ont existé avant moi, de celles qui vivent maintenant et de celles qui naîtront après.

Je joue merveilleusement des instruments de musique. Ma voix a des profondeurs marines et des élévations célestes. Les paroles que je prononce n'ont jamais été encore entendues.

Les accords parce que les cordes sont frôlées par mes doigts blancs, les chansons parce qu'elles sortent de ma bouche éblouissante, les paroles parce que mes regards tout-puissants planent sur elles, sont des paroles, des chansons et des accords éternels.

Je suis la plus belle des femmes, et ma plus grande joie est d'être vue, d'être aimée, surtout de celui qui m'a prise, mais aussi de ceux qui sont au-dessous de lui.

Toutes les fourrures prises aux bêtes sauvages les plus rares, tout ce que les hommes fabriquent d'étoffes de lin fin, de soie, tout cela m'est apporté, je m'étends dessus et mon beau corps blanc frissonne en ces moelleuses richesses aux fines odeurs.

Aux hommes forts, à celui qui a vaincu tant d'autres hommes pour me posséder, les dures fatigues de la chasse et de la guerre;

Moi, je me plais dans les jardins soignés, dans les petites salles parfumées, tendues d'étoffes belles et douces, semées de coussins.

Je suis belle et forte, mais je suis femme, et je me plais dans les soins qu'aiment aussi les hommes faibles et malades,

Les tièdes intérieurs, remplis de fleurs étincelantes,

Les palanquins pour voyager, ou bien encore les épaules des servantes pour m'appuyer lorsque je vais nonchalamment traîner les plis de ma robe dans les jardins soignés.

Je suis belle et forte, j'enfante sans souffrir et ma forme reste pure et lisse. C'est pour moi une calme et lente volupté de tenir mon enfant rose dans mes bras et de sentir sa petite bouche téter le bout de mon sein solide, pendant que ses yeux rient et semblent répondre à mon sourire. C'est une volupté calme et lente qui vaut la volupté tumultueuse ressentie sous les caresses de l'amant.

Je sens mon sang monter à ma poitrine et devenir le lait tiède dont se nourrit et grandit mon enfant rose.

Deux de mes doigts blancs pressent le bout de mon sein solide afin qu'il ressorte et que mon enfant puisse, tout en me tétant, me regarder de ses yeux riants et répondre ainsi à mon sourire de ravissement.

Je suis ravie en sentant ma propre substance passer en lui; je sens mon sang monter à ma poitrine et devenir le lait tiède qui servira à former le corps rose et excellent à baiser de mon enfant.

Je suis belle et forte; j'ai enfanté sans douleur et ma forme est restée pure et lisse.

Mon amant trouve plus attirants mes seins solides depuis qu'ils ont nourri mon enfant rose; je ne suis plus, dit-il, la fleur en bouton aux odeurs de verdure, mais désormais la fleur épanouie aux odeurs ambrées et capiteuses.

Mon enfant est assez grand pour jouer parmi les servantes et leur causer de naïves terreurs par ses audaces prophétiques.

Je suis belle et forte, j'ai enfanté sans douleur un fils audacieux et je suis devenue plus attirante pour mon amant, à cause de ma forme opulente et lisse.

Je suis la plus belle des femmes et quand j'ai paru aux yeux des hommes, tous ont voulu m'avoir.

Ainsi de grandes discordes et de grands désastres. J'ai parfois pleuré au nom de ceux qui étaient tombés pour moi, car il y avait parmi eux de fiers regards et de hautes âmes que j'aurais bien aimés.

Et pourtant j'ai été heureuse quand le plus beau de tous, celui qui avait le regard le plus puissant, puisqu'il était le dernier vainqueur, est venu me demander mon âme et mon corps.

Je lui ai donné mon âme et mon corps, heureuse que le sort me l'ait choisi en ces combats où tant d'autres sont tombés, entre lesquels j'aurais peut-être hésité.

Quand je m'abandonne sur les coussins, courbant mes bras au-dessus de ma tête, l'attirance de mes clairs regards, de mes seins solides, de mes flancs neigeux, de mes lourdes hanches est toute-puissante.

C'est pour cela que tant d'hommes ont été ravis, que tant d'hommes se sont tués.

Et celui qui m'a prise est tout entier possédé par l'attirance de mes yeux clairs qui reluiront en des poèmes éternels, est subjugué par l'abandon de mes seins solides, de mes flancs neigeux et de mes lourdes hanches. Il sent, en ces formes que je lui livre, le charme du beau absolu et la volonté créatrice qui fait de mon corps la source des plus nobles races futures.

LES GENS DE LETTRES

I

Il était une fois un roi et une reine, qui étaient bien fâchés de ne pas avoir d'enfants.

Le roi, qui s'appelait Sa Majesté O, disait à la reine, qui s'appelait Sa Majesté É :

— Le ciel n'a pas béni notre union, il faut consulter votre marraine, la fée Araignée.

Le roi O avait un gros ventre. Quand il tapait dessus, ça faisait toc, toc. La reine É n'avait pas du tout de ventre, elle était sèche, comme un hareng saur. Et les enfants ne venaient pas.

On télégraphia à la fée Araignée, qui arriva par la cheminée avec trois gros choux qu'elle mit tout de suite dans une marmite et du bon lard, et du sel, et du poivre... Et puis elle trempa une grande soupe (il y en avait bien pour cent personnes) et la donna à manger à la reine É. La soupe aux choux faite par une fée, est fée aussi. Voilà pourquoi la reine É, si sèche d'abord, enfla, enfla, enfla. Et le lendemain matin on trouva, dans trois berceaux, le premier garni de satin groseille, le second garni de satin bouton d'or et le troisième garni de satin couleur du ciel sans nuages, trois petites princesses, qui étaient plus belles que les étoiles, que le soleil et que la lune.

La fée Araignée, qui était de la célèbre famille Aiou, si connue dans l'industrie des tissus, coupa son nom en trois et appela sa première filleule A, sa seconde I et sa troisième OU.

II

Les trois princesses devenaient plus belles encore en grandissant.

C'était charmant de les voir courir sous la feuillée, sifflant aux merles, volant aux papillons, cueillant la noisette nouvelle.

Un soir le roi O dit à la reine É :

— Il faut marier nos filles, les belles princesses A, I, OU. Pour la princesse A nous aurons de la peine, car elle est comme une oie, elle crie contre tous les gentilshommes et contre toutes les dames de la cour. La princesse I, ce sera plus facile, elle rit toujours : nous la donnerons à un prince écervelé. Quant à la troisième, la petite OU, ça se fera sans nous; elle a toujours peur, elle veut se sauver dans les bois, mais elle est à croquer.

La reine dit au roi :

— Que Votre Majesté n'oublie pas que nos trois princesses n'ont à elles trois qu'une seule chemise (bien légère), cadeau de leur marraine, la fée Araignée. Le peuple est écrasé d'impôts, et les tabacs ne nous fourniront jamais de quoi leur acheter d'autres chemises.

Le roi O dit :

— Oh !

Boum, boum, boum! Qu'est-ce que c'est? le canon! Ah! c'est une visite d'à côté. Est-ce le roi de Derrière-les-fagots, le voisin? Non, ce sont ses trois fils, le prince P, le prince T et le prince K.

— Dis donc, bobonne, il y aurait peut-être moyen de placer nos trois princesses... Eh! c'est à toi que je parle, dis donc, la reine, É, É, É. Tu dors?

— Sire, mariez-les comme il vous plaira.

(Boum, boum!) Levons-nous, sire, et allons nous asseoir sur nos trônes, pour recevoir les princes.

Il faut dire que le roi X de Derrière-les-fagots n'était pas plus riche que le roi O. Il avait prié l'enchanteur Merlin d'être le parrain d'un fils, qui lui était promis par la reine Z. Mais quand Merlin vint au baptême, il vit qu'au lieu d'un fils, la reine Z en avait donné trois, qui furent appelés le prince P, le prince T et le prince K, comme on sait.

Mais Merlin l'enchanteur, ne comptant que sur un seul filleul, n'avait préparé qu'un seul cadeau. C'était un sabre magique à la poignée de saphir. Les plus grands enchanteurs ne peuvent pas changer leurs volontés. Aussi Merlin dit au roi X :

— Tant pis! mes filleuls n'auront qu'un sabre pour eux trois.

Ce n'était pas l'avarice qui poussait Merlin, puisqu'il fit tomber, par sa magie, des étoiles filantes, qui devenaient des pralines, des dragées et des pièces de vingt francs. Il est vrai qu'avec la magie ça ne lui coûta pas quatre sous.

Le prince P devint un mangeur, le prince T devint un danseur, le prince K devint un chasseur.

Boum! Boum! Le roi O et la reine É sont assis sur leurs trônes.

Le prince P s'avance et dit :

— Oh! roi O, voulez-vous me donner votre fille, la princesse A, en mariage?

La reine É dit au roi O :

— Il est gourmand, il mange beaucoup, il mange trop, mais ça ira bien avec notre fille A. Accordez-la lui.

Le roi O dit :

— Prince P, je vous accorde ma fille A.

Alors le prince T s'avance et demande en mariage la princesse I qui se tordait de rire, et le prince K demande la main de la princesse OU, qui s'était sauvée derrière le buffet, mais qui était contente tout de même.

Les trois noces se firent le lendemain, au son du fifre et du tambour. Il y avait même des cloches qui sonnaient : do, si, la, do, si, la. On distribua des pommes de terre frites, des radis et du cidre, au peuple immense, qui bénissait le roi, la reine et les trois jeunes ménages.

Le roi, la larme à l'œil, donna un royaume (tout en se réservant ses droits de murs mitoyens) à chacun de ses gendres. Dans son enthousiasme paternel, il alla même jusqu'à redoubler leur noblesse.

Ainsi le prince P et la princesse A, ça faisait PA, ils devinrent la famille PAPA, des gens sérieux, qui mangent beaucoup; de même le prince T et la princesse I formèrent la famille TITI, des gens qui dansent et rient toujours; et le prince K, avec la princesse OU, ça fait KOUKOU, c'est l'amour, c'est mystérieux, c'est sous les bois. Coucou! Coucou!

Mais, dans le mariage, il faut du linge! et la marraine n'avait donné qu'une seule chemise (et si légère) à ses trois filleules, en cadeau de noces. Oh! elles avaient bien chacune leur manteau de princesse, brodé de perles d'Orient, mais en dessous il fallait mettre la seule chemise de marraine, et S. M. le roi O était pauvre, quoique descendant d'une race illustre.

Alors on s'arrangea tout de même. Le roi donna un grand bal pour les noces.

La princesse A avait la chemise.

Après la première danse, à neuf heures, elle alla se coucher.

Le prince P avait le sabre. Il le posa sur la table de nuit, de crainte des voleurs et pour montrer, selon la loi, que le mari doit aide et protection à sa femme.

A minuit la princesse dit :

— J'ai assez dormi, allons souper!

Et ils revinrent dans le bal. La princesse A dit à sa sœur la princesse I :

— La chemise est roulée dans ce bouquet de roses thé!

La princesse I s'en alla dormir dans sa chambre, ayant mis la chemise (si légère) qui sentait les roses thé.

Alors le prince P dit au prince T :

— Tu trouveras le sabre dans l'antichambre, au coin à droite. N'oublie pas la loi.

Le prince T trouva le sabre et courut aller voir si sa femme dormait. Elle dormait. Il mit le sabre à côté du lit, et s'endormit.

A trois heures du matin, la princesse I se réveilla en souriant à la vue du sabre, et le prince T vit qu'elle avait une chemise (bien légère). Elle dit :

— J'ai assez dormi, allons danser! Laissez-moi me lever, attendez-moi en bas.

Et vite, elle roula la chemise et la mit dans un bouquet de marjolaine qui était là tout exprès. Elle passa son manteau perlé, et descendit.

En entrant dans le bal, elle donna à la princesse OU, qui dansait sa centième valse, le bouquet de marjolaine, en disant :

— Va vite te coucher, il est tard; n'aie pas peur, ton prince te suit.

Oh! elle avait bien peur, la princesse OU; elle aurait voulu se sauver. Mais le bois est là-bas, bien noir, et si mouillé!

Le prince T dit au prince K :

— Le sabre est dans l'antichambre, au coin à droite. N'oublie pas la loi.

La princesse OU dormait dans sa chemise (si légère) quand le prince K vint dans la chambre. Il tira le sabre du fourreau, et s'endormit.

A six heures du matin, la princesse OU se réveille et dit :

— J'ai assez dormi, allons au bois!

V

Boum! Boum! Boum! Ce n'est plus la fête, ni des visites, c'est la guerre.

L'ennemi attaque le royaume de trois côtés à la fois.

Le prince K saute sur le sabre, la princesse OU saute du lit, met son manteau et court à la guerre avec son prince. Elle n'a plus peur du tout.

Quand ils sont dans les bois, elle cueille des églantines et des lauriers.

Le prince K court à droite, court à gauche, court en face, et coupe la tête à tous les ennemis.

Le prince P et le prince T auraient bien voulu gagner la bataille, eux aussi. Mais sans le sabre — que faire?

Les cloches se mirent à sonner pour la victoire. Les gens du peuple coururent tous au devant du vainqueur et de sa princesse. Puis on revint en bon ordre, chargés des riches dépouilles de l'ennemi.

Il y avait de l'or, il y avait de l'argent, pour des millions. Il y avait des robes de soie, des armures d'acier. Il y avait cent mille canons, autant de tonneaux de poudre, et cent fois autant d'obus. Il y avait aussi des tonneaux de vin, de cidre et de bière; on n'a pas compté les jambons. Il y avait encore soixante mille caisses de fruits confits, et bien autre chose qu'on ne sait plus. Mais... pas de linge; pas de sabres!

VI

Mais voici le char des vainqueurs, orné d'églantines et de lauriers. Le prince K tenait dans sa main trois sabres presque pareils, et tous trois signés : Merlin. Le sabre à la poignée de saphir était celui qui avait servi à gagner la bataille. Les deux autres, trouvés dans la vieille malle d'un colonel (comme par hasard, mais c'était Merlin qui avait préparé cette surprise), les deux sabres avaient, l'une une poignée de rubis, l'autre une poignée de topaze orientale.

La princesse OU avait sur ses genoux une cassette en lapis-lazuli treillagé d'or, qui contenait deux chemises (très légères), signées de la fée Araignée.

Le prince K descendit du char à droite, planta les trois sabres en terre entre lui et ses deux frères. Il fit signe aux canons : Boum! boum! boum! Et les trois princes, levant chacun un sabre, saluèrent cet heureux jour.

En même temps, à gauche du char, la princesse OU donnait à ses deux sœurs la cassette en leur disant tout bas :

— Il y en a une pour chacune de vous.

Les princesse A et I comprirent bien que c'étaient des chemises, et elles embrassèrent tendrement leur sœur OU.

VII

Après des fêtes qui durèrent trois mois, on fit le partage de toutes les richesses conquises, et les trois familles PAPA, TITI, KOUKOU prirent congé du roi O et de la reine É pour aller gouverner chacune leur royaume. Tous furent très heureux et eurent beaucoup d'enfants.

NOTICE

Le bruit est assez largement répandu que c'est Renée Vivien qui est directement à l'origine de l'édition du *Collier de griffes*. Il y a, dans cette rumeur, beaucoup de vrai et beaucoup de faux. La poétesse, très avertie des ouvrages et des tendances de l'époque, avait été vivement touchée par la lecture des textes de Cros. Elle intervint d'une façon décisive, mais indirecte, dans le renouveau posthume. Dans *Mémorandum d'un éditeur*, P.-V. Stock fait, sur cet épisode, la lumière nécessaire, et il n'est pas inutile de reprendre ici, tout au long, ce qu'il confiait à ses lecteurs :

Le 10 juin 1903, je reçus la visite de la poétesse Renée Vivien, que je ne connaissais que par ses œuvres.

— Pourquoi ne réimprimez-vous pas Le Coffret de santal, *qu'on me dit être épuisé?*

— Parce que, mademoiselle, j'ai mis plus de vingt ans pour en écouler un millier d'exemplaires, et s'il me faut dix ans pour vendre les cinq cents exemplaires d'une réédition et uniquement pour ne rentrer que dans mes débours, vous comprendrez que j'hésite, car ce n'est pas là une brillante opération commerciale.

— Et si, moi, qui admire le livre de Cros, je vous achetais cinquante exemplaires de cette réédition pour six cents francs, le réimprimeriez-vous?

— De suite, le temps de faire faire les clichés et de tirer.

— Voici les six cents francs, mais je vous demande de taire mon intervention.

C'est pourquoi, de cette nouvelle édition de 1903, j'ai tiré

— contrairement à l'usage pour une réédition — six exemplaires sur papier de Hollande, afin d'en offrir un à Renée Vivien. C'était bien le moins!

Le souvenir du joli geste de cette gracieuse femme, faisant revivre l'œuvre d'un autre poète, n'a pas été sans m'influencer lorsqu'il s'est agi d'éditer Le Collier de griffes.

Vingt ans après la mort de Charles Cros, les « œuvres posthumes » qu'évoquait *Le Chat noir*, dans une notule du 4 juillet 1891, virent le jour. *Le Collier de griffes* présente un classement et une réunion de textes inédits, — mais sans qu'il soit possible de déterminer dans quelle mesure la physionomie du recueil était voulue par le poète, ou imaginée (en analogie avec la distribution des pièces du *Coffret de santal*) par les éditeurs : Guy-Charles Cros, fils de Charles Cros, et Émile Gautier, passionné, lui, par les œuvres scientifiques beaucoup plus que par les pages littéraires du poète. L'ouvrage parut en 1908 chez P.-V. Stock. Il se présentait modestement, à l'imitation des deux éditions du *Coffret de santal :* petit in-16 de papier gris portant une typographie en italique de petit corps, qui se vendait 3,50 F.

Il est loisible de penser que, vivant, Cros aurait modifié le classement des poèmes, — et, sans doute, aurait supprimé quelques proses que les éditeurs posthumes ont maintenues. Il reste, en effet, peu d'inédits, mis à part des contes publiés dans *Le Chat noir*, et non rassemblés dans *Le Collier de griffes ;* et de courtes pièces retrouvées plus tard, qu'elles aient été tantôt égarées par un auteur insouciant, tantôt écrites en collaboration. Sur ce point, il est difficile de faire paraître *Le Moine bleu* dans les *Œuvres complètes* de Charles Cros plutôt que dans celles de Germain Nouveau. Ils y mirent, l'un et l'autre, la main, en même temps que Villiers de L'Isle-Adam, que Jean Richepin et que Nina de Villard. C'est d'ailleurs sous le nom de Nina de Villard que fut publié *Le Moine bleu,* dans l'ouvrage posthume titré *Feuillets Parisiens* et ordonné par Edmond Bazire. D'autres strophes, plus légères encore, figurent dans l'*Album zutique*, ainsi, dans la forme du triolet, cette fantaisie écrite avec Léon Valade :

Les trois sœurs

Toutes les trois étaient charmantes.
Toutes les trois étaient putains.

> *Dans le d'Harcourt prenant des menthes*
> *Toutes les trois étaient charmantes.*
> *Toutes les trois mettant leurs mantes*
> *Suivaient des michets incertains.*
> *Toutes les trois étaient charmantes*
> *Toutes les trois étaient putains.*
>
> *Toutes les trois étaient frisées,*
> *Étant juives toutes les trois.*
> *Leurs six yeux lançaient des fusées.*
> *Toutes les trois étaient frisées.*
> *Leurs trois bouches étaient rosées*
> *Leurs trois vagins étaient étroits*
> *Toutes les trois étaient frisées*
> *Étant juives toutes les trois.*
>
> *Orphélie, Augustine, Héloïse*
> *Étaient leurs trois noms usuels.*
> *Toutes les trois se cherchaient noise,*
> *Orphélie, Augustine, Héloïse.*
> *Leur triple langue était grivoise*
> *Leurs trois coups de rein sensuels.*
> *Orphélie, Augustine, Héloïse*
> *Étaient leurs trois noms usuels.*

Ce même *Album zutique* procure une amusante variante au *dixain réaliste* XXXIII repris dans *Le Coffret de santal* sous ce nouveau titre : *Vue sur la cour,* et qui commence par ce vers :

> *La cuisine est très propre et le pot-au-feu bout...*

Dans l'*Album,* en effet, ce même dixain s'intitule *Oaristys ;* il est malicieusement attribué par Cros à François Coppée. En voici la chute :

> *Mais voici le* pays; *après un gros bonjour,*
> *On lui donne la fleur du bouillon, — par amour.*
> *Il prend la bonne émue, il la baise, il l'encule...*
> *Et je ne trouve pas cela si ridicule.*

Ce qui va être modifié pour la double publication, d'abord de 1876 pour l'édition collective des *Dixains réalistes ;*

ensuite, en 1879, pour la seconde édition du *Coffret de santal*. Voici la version « officielle » :

> *Mais voici le pays. Après un gros bonjour,*
> *On lui donne la fleur du bouillon, leur amour*
> *S'abrite à la vapeur du pot, chaud crépuscule...*
> *Et je ne trouve pas cela si ridicule.*

Les sonnets en vers monosyllabiques ne manquent pas dans l'*Album*. Léon Valade s'y amusait volontiers. Cros s'y exerça à son tour, ainsi :

> *Sur la femme*
>
> *Ô*
> *Femme,*
> *Flamme*
> *Eau !*
>
> *Au*
> *Drame*
> *L'âme*
> *Faut.*
>
> *Même*
> *Qui*
> *L'aime*
>
> *S'y*
> *Livre*
> *Ivre.*

Parmi les autres sonnets (et sonnets dialogués) en vers monosyllabiques, il en est de moins sages, — et qui parfois l'un à l'autre se répondent. Ainsi, au sonnet de Cros qu'on va lire, Nouveau répond par une *Autre Causerie* tout aussi leste que celle-ci :

> *Causerie*
>
> TRISTAN
>
> *Est-ce*
> *Là*
> *Ta*
> *Fesse?*

170

Dresse
La
Va...
Cesse...

YSEULT

Cu !...
Couilles !...
Tu

Mouilles
Mon
Con.

Les zutistes étaient coutumiers de telles parodies et d'aussi réjouissantes inventions verbales. Charles Cros, qui était d'un caractère peu facile, adorait ces cercles, et fut un loyal et fidèle compagnon des Vilains Bonshommes, des deux Chat Noir, des deux cercles zutiques, des Hydropathes. Il entreprit, dans cette optique, d'écrire, en se jouant, l'hymne de ces derniers; et ne tarda pas à mander à Rodolphe Salis cette

Chanson des Hydropathes

Hydropathes, chantons en chœurs
La noble chanson des liqueurs.

Le Vin est un liquide rouge
— Sauf le matin quand il est blanc.
On en boit dix, vingt coups, et v'lan !
Quand on en a trop bu, tout bouge.
Buvons donc le vin rigolo,
Blanc le matin, rouge à la brune
Qu'il fasse (nous souffrons de l'eau)
Clair de soleil ou clair de lune.

Hydropathes, chantons en chœurs
La noble chanson des liqueurs.

Doré des futures aurores,
La Bière est un liquide amer.
Il nous en faudrait une mer
Pour rincer nos gosiers sonores.

171

Les bocks font bien dans le tableau
Buvons la Bière blonde ou brune
Qu'il fasse (nous souffrons de l'eau)
Clair de soleil ou clair de lune.

Hydropathes, chantons en chœurs
La noble chanson des liqueurs.

Le Vermouth, le Bitter, l'Absinthe
Nous font des trous dans le gésier.
On ne peut que s'extasier
Sur l'éclat de leur triple teinte.
Jaune, rouge, vert, triple flot
Diaprant la foule commune
Qu'il fasse (nous souffrons de l'eau)
Clair de soleil ou clair de lune.

Hydropathes, chantons en chœurs
La noble chanson des liqueurs.

Quand chacun étreint son amante
Le soir entre deux mazagrans
Nous nous permettons (soyons grands)
Le Cassis, le Kummel, la Menthe.
L'amour agite son flambeau
Et chacun baise sa chacune
Qu'il fasse (nous souffrons de l'eau)
Clair de soleil ou clair de lune.

Hydropathes, chantons en chœurs
La noble chanson des liqueurs.

Les témoins l'affirment : Charles Cros rendait inoubliables les soirées poétiques, humoristiques et bachiques des compères réunis en ce temps-là dans différents cafés. Est-ce cela, cette verve de cabaret, ou bien les assiduités chez Nina, qui détournèrent la juste appréciation? Peut-être. Ce qui est vrai, c'est qu'on ne lui rendait pas justice. Et il fallut attendre l'année 1888, et le texte que Paul Verlaine lui consacra dans *Les Hommes d'aujourd'hui* (n° 335) pour que l'amuseur fasse enfin place au poète :

Vous y trouverez (dans les textes de Cros), *sertissant des sentiments tour à tour frais à l'extrême et raffinés presque trop, des bijoux tour à tour délicats, barbares, bizarres, riches et*

172

simples comme un cœur d'enfant et qui sont des vers, des vers ni classiques, ni romantiques, ni décadents bien qu'avec une pente à être décadents, s'il fallait absolument mettre un semblant d'étiquette sur de la littérature aussi indépendante et primesautière. Bien qu'il soit très soucieux du rythme et qu'il ait réussi à merveille de rares, mais précieux essais, on ne peut considérer en Cros un virtuose en versification, mais sa *langue très ferme, qui dit haut et loin ce qu'elle veut dire, la sobriété de son verbe et de son discours, le choix toujours rare d'épithètes jamais oiseuses, des rimes excellentes sans l'excès odieux, constituent en lui un versificateur irréprochable qui laisse au thème toute sa grâce ingénue ou perverse.*

Il faut ajouter à cela ce que le lecteur du *Coffret de santal* et du *Collier de griffes* voit surgir par instant : une fièvre brusque et quasiment désespérée. C'est qu'il y a, dans la vie de Cros, des ruptures brutales qui le tourmentent et le mènent à — comme il peut, et autant qu'il lui est possible — s'étourdir. Un poème paru dans *Le Chat Noir* en 1884, et qui n'a pas trouvé place dans les deux volumes, témoigne clairement, je crois, de cela :

Vertige

Oh ! soyons intenses !
Abusons des danses !
Abusons des lits
Et des seins polis !

Oh ! les innocences
Et toutes leurs transes !
Leurs cruels oublis !
Froissons tous ces lys.

Nous aimons le crime
Nous trouvons la rime
Dont on meurt souvent.

Vivons d'œuvres folles !
Disons des paroles
Qu'emporte le vent.

On se souvient de ce qu'écrivait Isidore Ducasse dans le cinquième Chant des *Chants de Maldoror*, et qui sonne prophétiquement aux oreilles modernes : *A l'heure où j'écris,*

173

de nouveaux frissons parcourent l'atmosphère intellectuelle.
Ces frissons que Lautréamont devinait n'allaient pas
manquer de se concrétiser : en 1873 paraissent trois ouvrages qui vont donner autre et nouveau visage à la poésie :
Une Saison en Enfer de Rimbaud, *Les Amours jaunes* de
Corbière, *Le Coffret de santal* de Cros... Et il est évident
qu'il ne viendrait à l'esprit de personne, aujourd'hui, de
soustraire Charles Cros de cette « révolution » qui se fit dans
l'avant-siècle, — et dont nous sommes, que nous le voulions
ou non, les héritiers et les débiteurs.

Hubert Juin.

LA VIE ET L'ŒUVRE DE CHARLES CROS

1842 1er octobre : Naissance à Fabrezan (Aude) d'Hortensius, Émile, Charles Cros, quatrième enfant de Simon, Charles, Henri Cros et de son épouse Joséphine Thore.

1855-1859 Charles s'initie aux éléments du grec, du latin, du sanscrit, de l'hébreu, de l'allemand et de l'italien.

1860 Aspirant-répétiteur à l'Institution des sourds-muets.

1867 Expose un télégraphe automatique à l'Exposition universelle.
2 décembre : dépose, sous pli, un exposé relatif à la « reproduction des couleurs, des formes et des mouvements » (Académie des sciences).

1868 Rencontre Nina de Villard.

1869 Publie ses premiers vers dans *L'Artiste* et *La Parodie*. Collabore au second *Parnasse contemporain*.
Publie deux brochures : *Solution générale du problème de la photographie des couleurs*, et *Étude sur les moyens de communication avec les planètes*.

1871 Durant la Commune, Charles est nommé, le 21 avril, à une fonction mineure dans une formation sanitaire.
Octobre : Cros héberge Rimbaud durant une quinzaine de jours. Ils fréquentent ensemble les réunions zutiques.

1872 Cros fréquente les dîners des Vilains Bonshommes.
7 juillet : Verlaine et Rimbaud fuient Paris. Cros prend le parti de Mathilde.

Nina de Villard, qui avait quitté la France au lendemain de la Commune, rentre de Genève.

Mai : Cros adresse à l'Académie des sciences une note sur la « Théorie mécanique de la perception, de la pensée et de la réaction ».

1873   1er avril : *Le Coffret de santal*.

1874   Cros fait paraître la *Revue du Monde nouveau*, qui aura trois numéros.
Le Fleuve, avec huit eaux-fortes de Manet.

1875   Son envoi au troisième *Parnasse contemporain* est refusé.

1876   Juillet : les *Dixains réalistes*.

1877   Avril : pli cacheté à l'Académie des sciences sur le « paléophone » ou « phonographe ».
19 décembre : Edison dépose à Paris sa demande de brevet. Rupture avec Nina de Villard.

1878   11 mars : à l'Académie, Edison présente son phonographe.
18 mars : Cros adresse à l'Académie une note à ce sujet.
14 mai : Cros épouse Mary Hjardemaal.
Octobre : les Hydropathes.

1879   2 février : naissance de Guy-Charles Cros.
10 juillet : prix Juglar de l'Académie française.
Décembre : deuxième édition du *Coffret de santal*.

1880   Naissance de René Cros.

1881   A la fin de cette année, Rodolphe Salis fonde *Le Chat Noir*.

1883   Janvier : Cros obtient ses premières épreuves couleurs sur papier.
18 août : fondation des Zutistes. Le président en est Charles Cros [1].

1884   Au *Chat Noir*, Cros rencontre la chanteuse Thérésa. Nina de Villard meurt, le 22 juillet, dans une maison de santé de Vanves.

1. Il faut bien voir qu'il y eut deux cercles zutiques. Celui de 1871 tenait ses assises, rue Racine, à l'hôtel des Étrangers. De ce temps date l'*Album zutique*. Le second cercle zutique, créé et présidé par Charles Cros en 1883, se réunissait le jeudi soir (généralement) au 139, rue de Rennes, à l'enseigne de *la Maison de bois*.

1887   Note à l'Académie des sciences : « Contribution aux
       procédés de photographie céleste ».

1888   Note à l'Académie des sciences : « Des erreurs dans
       les mesures des détails figurés sur la planète Mars. »
       Parution, chez Lemerre, de *La Vision du grand canal
       royal des Deux Mers.*
       9 août : Charles Cros meurt en son domicile du 5 de la
       rue de Tournon.

1908   *Le Collier de griffes.*

Table

DERNIÈRES PARUTIONS

Ce volume,
le soixante-dix-neuvième
de la collection Poésie,
a été achevé d'imprimer par
l'Imprimerie Bussière à Saint-Amand (Cher),
le 3 février 1992.
Dépôt légal : février 1992.
1er dépôt légal dans la collection : janvier 1972.
Numéro d'imprimeur : 271.
ISBN 2-07-031834-6./Imprimé en France.

α